普通高等教育体育学一流本科专业系列教材

学校武术

郭玉成　丁丽萍　主编

科学出版社
北京

内 容 提 要

本书以国家体育与健康课程标准为指导，结合当前中小学武术教学的实际情况，从普通高等学校武术教学师资的培养目标出发，梳理小学、初中、高中的武术教学内容，详解技术动作要点、易犯错误与纠正方法，以及武术教学设计、技能评价与竞赛组织等，培养学生学校武术教学的组织与实施能力，以适应中小学武术教学工作的实际需要。全书共八章，分别是学校武术概述、学校武术基本动作、小学武术套路、初中武术套路、高中武术套路、学校武术教学设计、学校武术运动技能等级评价、学校武术套路竞赛组织与裁判。

本书根据普通高等学校武术与民族传统体育专业、体育教育专业、运动训练专业的武术课程学习需求编写，可作为武术普修课程教材，也可作为中小学体育教师的武术教学用书。

图书在版编目（CIP）数据

学校武术 / 郭玉成，丁丽萍主编. —北京：科学出版社，2022.6
普通高等教育体育学一流本科专业系列教材
ISBN 978-7-03-071673-6

Ⅰ. ①学… Ⅱ. ①郭… ②丁… Ⅲ. ①武术－中国－高等学校－教材 Ⅳ. ①G852

中国版本图书馆 CIP 数据核字（2022）第 032682 号

责任编辑：张佳仪/责任校对：谭宏宇
责任印制：黄晓鸣/封面设计：殷　靓

科学出版社 出版
北京东黄城根北街 16 号
邮政编码：100717
http://www.sciencep.com
南京文脉图文设计制作有限公司排版
广东虎彩云印刷有限公司印刷
科学出版社发行　各地新华书店经销

*

2022 年 6 月第 一 版　开本：787×1092 1/16
2025 年 9 月第五次印刷　印张：12 1/2
字数：281 000

定价：68.00 元

（如有印装质量问题，我社负责调换）

《学校武术》编委会

前言

新中国成立以来，武术一直被教育部列入各级各类学校体育教学大纲。自 2001 年我国第八次基础教育课程改革开始，体育课程便确立了“健康第一”的指导思想和“以学生发展为中心”的课程理念，采用国家、地方、学校三级课程管理制度，必修与选修、规定课程和校本课程相结合的课程模式，为地方积极探索、自主开发武术课程给予了很大空间，并在多年的实践过程中取得了显著成效。

面对新时代国家对人才培养质量的新要求，教育部又先后于 2007 年、2014 年启动了义务教育阶段与普通高中体育课程标准的修订工作，2012 年正式颁布《义务教育体育与健康课程标准(2011 年版)》，2018 年、2020 年分别颁布《普通高中体育与健康课程标准(2017 年版)》与《普通高中体育与健康课程标准(2017 年版 2020 年修订)》。在此期间，上海市教委根据国家对体育与健康课程标准的要求，结合上海市中小学体育教育实际情况，从 2012 年起在高中学段推行“高中体育专项化”、2015 年启动“小学体育兴趣化、初中体育多样化”的课程改革方案；并于 2020 年 1 月出台《上海市中小学体育工作管理办法》，计划推进形成各区以足球、篮球、排球、田径、游泳、乒乓球、羽毛球、网球及武术等 9 个重点项目为主、若干个推进项目为辅的“9＋X”学校体育项目布局结构；2021 年，武术也再次成为上海市中考体育考试项目之一。

新一轮课程改革和体育与健康新课程标准的实施，是为了让学生在体育锻炼中“享受乐趣、增强体质、健全人格、锤炼意志”，同时真正掌握一到两项能受益终身的体育项目，成为健康合格的社会主义建设者和接班人。新一轮课程改革和体育与健康新课程标准的实施，不仅需要一支能够深入理解和贯彻实施课程标准的高素质的体育教师队伍，更需要高校培养出适应未来体育教学工作的专门性人才。

同时，为贯彻落实《教育部关于全面深化课程改革 落实立德树人根本任务的意见》(教基二〔2014〕4 号)、《教育部关于一流本科课程建设的实施意见》(教高〔2019〕8 号)、《关于全面加强和改进新时代学校体育工作的意见》等文件精神，推进课程改革创新、加强高校体育专业本科人才培养质量，上海体育学院将“学校武术”列为 2020 年“金课教材＋在线课程”建设项目，寄望以此作为课程教学改革的突破口，推动武术与民族传统体育专业、体育教育专业及运动训练专业本科生武术教学实践能力的提升，适应中小学武术教学的改革与发展。

本教材从学校武术教学师资的培养目标出发，以中小学体育与健康课程标准为指导，紧密结合当前中小学武术教学的实际情况，着重从以下几个方面进行编写：第一，以《体育与健身》中的武术教学内容为主体，进行技术解析以及教与学的方法指导。第二，从学校武术的教学特点出发，分析学校武术单元教学、课时计划、模拟课的设计原则、要素及方法。第三，以武术运动技能等级标准、武术套路竞赛规则等内容，为武术课堂教学提供"勤练、常赛"的内容与评价参考。第四，通过扫描二维码的形式，更多地了解新时代中小学教师职业要求、武术谚语，以及《体育与健康》中的武术套路等。

全书共有八章，具体分工如下：第一章由郭玉成、李守培负责编写；第二章由陈蓓、陈静、王腾飞负责编写；第三章由陈蓓、田纪云、平少康负责编写；第四章由丁丽萍、张鹤、李慧珍、林思砚、肖文霞负责编写；第五章由席饼嗣、戴有祥、李世春、王文粉、曾腾负责编写；第六章由朱利荣负责编写；第七章由朱东负责编写；第八章由范燕美负责编写。此外，本教材中的动作由卢梦然、鲁岳、杨诗梦、刘英丽、李雨昊、高东虎、于豪、刘清怡进行技术演示，模拟课由王彩云进行演示。

本教材适用于普通高等学校武术与民族传统体育专业、体育教育专业、运动训练专业的武术普修课程，也可作为中小学体育教师的武术教学用书，以及中小学体育教师资格证考试的辅助参考书目。

教材在编写过程中得到参编人员所在单位的大力支持与协助，在此致以衷心的感谢。同时，若教材中出现对于中小学武术教材内容和教法的把握尚欠周详之处，还恳请同行和读者批评指正。

编者

2021 年 10 月 30 日

目　录

第一章

学校武术概述

章前导言

学校武术是以在校学生为参与主体、以教育为主要目标的武术活动，它不仅是竞技武术后备人才的基础，更是学校体育教育的重要组成部分。回顾武术进入学校的历史变迁，是确立新时代学校武术教学发展的理论依据与逻辑起点。了解我国各地中小学的武术教学内容，为学生全面把握中小学武术的教学特点和地域特色提供帮助。作为学校武术教学内容的主要组成部分，武德教育不仅有利于学生更精准、更深层地理解武术内涵，养成良好举止规范与学习习惯，而且对于营造良好的校园文化环境有着积极的作用与价值。

学习目标

- 了解学校武术教育的发展历程，掌握学校武术的概念。
- 熟悉当前学校武术的教学内容，掌握学校武术教学的特点。
- 理解中华武德及其内涵，践行中华武德礼仪规范。

第一节　学校武术教育沿革

武术是以攻防技击为主要技术内容、以套路演练和搏斗对抗为运动形式、注重内外兼修的中国传统体育项目。它来源于人们的生活实践、军事战争与社会活动，在漫长的历史发展进程中，在中国传统文化的长期熏陶下，形成了内容形式丰富、社会价值广泛、文化色彩浓厚的体育文化形态。

在不同的历史阶段，武术的名称、内容以及功能都不断地发生着变化，因此有关武术的分类方法也不尽相同。根据现代武术的功能与活动人群，可以把武术划分为竞技武术、健

现代武术运动分类

身武术、实用武术和学校武术。

竞技武术是以运动员为参与主体，在最大限度发挥运动员个人运动潜能的基础上，以提高武术竞技水平和争取优异成绩为目标的武术训练竞赛活动，它具有职业化、竞赛性、观赏性的特点。

健身武术是以大众为参与主体，以普及为基础，以强身健体为目标的群众性武术活动，它具有广泛性、自觉性、灵活性、娱乐性的特点。

实用武术是以部队和公安武警等为参与主体，以克敌制胜为主要目标的武术对抗活动，它的特点是对抗性、实用性。

学校武术是以在校学生为参与主体，以教育为主要目标的武术活动，它的特点是基础性、普及性和系统性。

由此可见，学校武术是竞技武术后备人才的基础，实用武术和健身武术是学校武术的延伸。

据 2020 年教育部统计数据显示，我国现有普通小学 15.8 万余所，初中 5.3 万余所，高中1.4 万余所，普通高等学校 2 738 所。学校武术无疑是武术发展培养新生力量和传承者的重要阵地。同时，学校武术也是学校体育教育的重要组成部分，它既担负着增强学生身体素质，促进学生身心发展，涵养学生勇于拼搏、自强不息精神的使命，又承载着培养行为高尚、厚德载物品质的育人重任；既要遵循学校教育的指导思想和目标，也要依循规范的教学程序和组织方式。

因此，学校武术就是在学校领域范围内开展的，通过武术课、课余武术活动、课外武术训练和竞赛等形式进行的一种有计划、有组织的武术教育活动。

一、古代学校武术教育

中国学校制度可以追溯到夏、商、周时期，“夏曰校，殷曰序，周曰庠，学则三代共之，皆所以明人伦也”（《孟子·滕文公上》）。夏商的学校教育，文武兼习而偏重武，教学对象仅限于贵族子弟。在“习射御”“习武”中，尤以当时战争中威力颇大的“射”为主要内容；“习射”“习舞”还包含有“礼”和“德”的教育在内。

西周时学校分国学和乡学两类，《礼记·王制》曰：“小学在公宫南之左，大学在郊，天子曰辟雍，诸侯曰泮宫。”其中，小学以“礼、乐、射、御、书、数”六艺教育为主；大学则春秋教《礼》《乐》，冬夏教《诗》《书》，春夏时兼教干戈，秋冬兼教羽箭，同时要学习射御。

春秋时期，官学废弛，私学兴盛。如在孔子的教育中，射、御是两项很重要的内容；但孔子强调的“射、御”是不以追求武技为首要目标的，而是将“礼”内化在武技之中，通过学习射、御及其比赛时的严格礼仪制度，来塑造“士”阶层的人格品质与行为规范，从而赋予其“仁”的最终指向。墨子认为，“赖其力者生，不赖其力者不生”（《墨子·非乐》），“力者，刑(形)之所以奋也”（《墨子·经上》），所以他选择弟子的重要条件之一就是身体强健；同时还在《墨子·尚贤》中说：“譬若欲众其国之善射御之士者，必将富之，贵之，敬之，誉之，然后国之善射御之士，将可得而众也”，指出应通过奖赏射御之士，鼓励众人学习，从而形成良好的尚武风气。

两汉时期，虽然形成了官学和私学两大系统，但因“罢黜百家，独尊儒术”，学校教育则以经书为主，教材就是儒家经典，武术活动的开展主要在军队和民间。

魏晋南北朝时期，由于长期的分裂与战乱，学校教育“时兴时废，若有若无”，虽然官吏的培养还是靠国学、太学，强调文章、品德和门第出身；但因战争的影响，遂产生了“取士拔才，必先弓马”（《晋书・卷一百二十六・载记第二十六》）的情况。南朝宋时，则把老百姓按二十五家、一百家为单位进行编制，令男子十三至十七岁学习经书，十八至二十岁学习兵法、阵战、骑马、习水、挽强（开弓）、击刺。长官每月临学课试。三五年后，学有所成则授以官职，否则终生不得为官（《宋书・列传・卷八十二》）。北方各朝更是如此，无论教育和训练都重视武艺，如公元 319 年，后赵石勒命人“教国子击刺战射之法”（《晋书・卷一百五・载记第五・后赵石勒》）。

隋唐时期是学校教育体系日趋完备与全面运作的定型化阶段，尤其是科举制度的产生和发展，使中国古代教育进入了一个新时代。但隋唐的学校教育内容主要以国子学、太学、四门学、律学、书学、算学为主。直至武则天长安二年（702 年），始设武科举。武技内容虽没有被纳入官学教育，但却为习武之人提供了进仕之阶。据《新唐书・选举志》《通典》载，武科举选拔的内容可分为三类：第一类为测武艺，主要是射术和马枪；第二类为测力量和体力，即翘关和负重；第三类为测身材和语言。由于武举制有相对客观的标准，在选拔人才上轻门第、重标准，任人唯贤，从而推动了民间习武风气的发展，也为国家选拔了一批武勇人才，如“以武举高等，补左卫长史”的郭子仪等。

宋代武举始于宋仁宗时（1029 年）。但考试内容与唐代略有不同，分为武艺和程文两项。武艺为弓马射、弩踏、抡使刀枪器械等课目。程文包括策问和墨义，策问是考经史或时务中有关战策的问题，限七百字；墨义为解释兵书大意。同时，宋代还创设武学，使培养武艺人才成为一种学制。宋代武学包括中央武学和地方武学。武学课程除学习诸家兵法、操练弓马外，还讲解历代用兵成败，前世忠义之节等。学生分上、内、外三舍，新入学的生员一般先参加考试，合格后被置于外舍，通过每年的公试和三年一度的补上舍试两种方式，可由外舍而内舍，再升至上舍。

明代承袭宋代的武举内容，坚持策略与弓马的文武兼备原则。同时自明初期就设立武学，直到崇祯时期共延续了二百多年。初期仅开设京卫武学，后又设各卫武学，用来教育年轻的军官和武官的子弟。明代武学的教育目标是，儒学教育要让生员知晓仁义忠信之道，兵书学习则是为了掌握制服御敌之方，因此学习内容包含武艺、兵法、儒学三个方面。同时，对武学生员有严格的规定，如上课时间为“春秋夏月，每日辰时初刻入学，至未时末散，冬月申时散”，还有“十日之上或一次、二次者量责；半年之上及连逃三次者，呈送法司”的无故缺席惩罚；以及考核的规定，即优异者可直接入仕授官，十年以上学无可取的生员，则“黜退送操”。

清代学校沿袭明制，在京师设立国学，并设八旗宗室官学，地方设府、州、县学。但不再单设武学，武生被附入儒学。各类官学设儒学教习和武学教习，对于备考武科的学生，学习内容主要包括：马箭、步箭、技勇（弓刀石）等技艺，以及《武经七书》《百将传》《孝经》《四书》

等。可见，这些内容都是围绕武科举考试设置的。

从古代武术教育的发展可以看出，无论是作为早期的“六艺教育”之一，唐代武科举的考试内容，还是自宋开始设置的武学，武术教育的内容都是围绕军事技艺来进行的。

二、近代学校武术教育

1840 年鸦片战争之后，清王朝受到巨大冲击，其官学教育也呈现出衰颓之势。20 世纪初，在维新派强种强国体育思想和军国民体育思想的影响下，由“壬寅学制”改进的“癸卯学制”于 1904 年颁布实施，它规定有各级各类新式学堂的学制、课堂体制和课时标准等，这为近代学校体育教育制度的建立奠定了基础。但新式学堂设立的体操科以西式体育和兵式体操为主。

辛亥革命后，中华民国建立并设教育部，分别于 1912 年、1913 年颁布“壬子学制”与“癸丑学制”。新学制改称“学堂”为“学校”，学制仿效日本，但体育方面仍沿袭清末的体操科。1914 年，体育教育家徐一冰在《整顿全国学校体育上教育部文》中，建议将武术列为高等小学、中学、师范学校的正课。1915 年 4 月，在天津召开的“全国教育联合会”第一次会议上，通过了北京体育研究社许禹生等提出的《拟请提倡中国旧有武术列为学校必修课》议案。教育部明令“各学校应添授中国旧有武技，此项教员于各师范学校养成之”。至此，武术正式成为学校体育课程内容之一。南京高等师范学校、北京高等师范学校等也先后于 1916 年、1917 年增设体育科，开设武术课。

1918 年，全国教育会联合会第四次会议通过的《推广体育计划案》也提出学校体育要“加授武术”。同年，山东公立农工商法四校在“全国高等师范学校校长会议”上提出《请将中国固有武术加入专门学科案》，“拟请由部通令各专门以上学校，将吾国旧有武术，择其适用团体教练者，列为必修科，以资练习。”“武术列为学科”的提议虽然没有通过，但决议结果亦强调“中国固有武术，请由部通令全国专门以上学校，大为提倡。”

五四运动以后，学校兵操再次受到抨击。全国教育会联合会不得不承认兵操课已不合乎世界大势的潮流，于是在 1919 年第五次会议上通过了《改革学校体育案》。经过多年讨论，1922 年北洋政府教育部专门召集举办“学制会议”，同年 11 月 1 日正式颁布《学校系统改革令》，又称“壬戌学制”。壬戌学制仿照美国“六三三”（小学六年，初中三年，高中三年）学制制订。1923 年公布的《新学制课程标准纲要》正式把学校的“体操科”改为“体育科”，并扩大体育课程内容，以普通体操、田径、球类、游戏等项目为主，逐渐替代兵式体操。

随后，1924 年《小学校自初级三年级起体育一科应加授国技案》以及 1926 年《学校体育应特别注重国技案》再次指出中国武术刚柔兼备，精力两全，“各学校体育，均须加授国技”。可见，全国教育会联合会多次通过类似的议决案，教育部也曾通令，但推行效果并不理想。

1927 年，南京国民政府成立。1928 年 5 月，在南京召开的第一次全国教育会议上，张之江提出《请令全国学校定国术为体育主课案》，建议“通令全国各学校亟以国术一门，定为主课。并普及民众，以资锻炼，可增健全，自强强国，实利赖之”，并提交了《请提倡我国固有武术案》的5年建设规划。同年6月中央国术馆体育传习所(以下简称"中央国术馆")成立,其工作宗旨是研究武术、教授武术、编订教材等。中央国术馆所设课程分为学科和术科。学科课程包含党义(三民主义)、国文、地理、历史、算术、国术源流、国术学、生理学、军事学、音乐。术科课程包括腿法、拳术、器械科、竞技科、选修科、特别科、军事科7门。其中武术内容有形意拳、太极拳、八卦掌、查拳、新武术(拳脚科)、连步拳、杂拳、戳脚、劈挂等,可持刀、枪、剑、棍、鞭等器械,进行气功、铁砂手、红砂手以及散打、摔跤、长兵、短兵等格斗项目。1933年,教育部发函由中央国术馆编辑武术教材。中央国术馆遵循由柔而刚、按年教授、互相衔接、循序渐进的原则,编订了初级小学、高级小学、初级中学、高级中学四级学校武术课程标准。

1942年,教育部令正式公布《小学体育科课程标准》,其中"高年级各学年教材大纲及要目"中明确列出国术一栏,规定教授"国术基本动作及简易国术"。以被纳入学校体育课程大纲为标志,武术开始步入学校教育的规范化系统之中。

三、新中国学校武术教育

新中国成立之后,党和政府高度重视学校武术教育工作,并先后出台了系列政策,以保证武术运动在学校的普及开展。

(一) 中小学武术教育

1. "增强学生体质"理念阶段(1949~1977年)

新中国成立初期,我国学校体育模式是以苏联体育课程体系为"模板"的,即以"劳动卫国"作为学校体育的最终目的,随着发展才逐渐进行本土化的尝试。1961年,教育部颁布的《小学体育教材》《中学体育教材》确立了"增强学生体质"的指导思想,武术被正式纳入中小学教材体系。同时规定小学每学期要有6学时的武术课,从三年级起开始学习武术基本功、基本动作、组合动作、武术操、初级拳术;中学每学期为8学时,学习初级拳第二路、青年拳、青年拳对练等。这一时期武术课程的教学内容主要是以徒手为主。

2. "增强学生体质的三基理念"阶段(1978~1985年)

三基就是指"体育基础知识、基本技术和基本技能"。1978年,教育部颁布《全日制十年制学校小学体育教学大纲(试行草案)》《全日制十年制学校中学体育教学大纲(试行草案)》,该大纲提出:"在注意科学性和增强体质的同时,要保留武术本身的风格和特点"。因此,在"三基理念"和大纲要求的指导下,武术课程着重于学生武术技能的学习,并从高一年级开始,除少年拳外,还增加了单人与双人攻防动作的教学内容。

3. "促进学生身心健全发展"的多元化理念阶段(1986~1999年)

1986年4月,《义务教育法》正式确立九年义务教育的学制。教育部遂成立"全国中小学教材审定委员会",并对十年制体育教学大纲进行了全面修订。1988年,《九年制义务教育全日制小学、初级中学体育教学大纲(初审稿)》开始试行,提出体育教学的任务除了发展学生身体素质和运动能力之外,还要促进学生身心的全面发展。因此,大纲提出要继承和发扬民族传统体育,"在原有武术的基础上,发展、拓宽,增加我国传统的养生、保健知识和行之有效的健身术"。武术被涵盖入民族传统体育之中,并在小学、中学阶段增加五禽戏和八段锦；之后在 1996 年修订的大纲中高中阶段增加了器械（女子剑术、男子刀术）和太极拳的教学内容。

4. “素质教育与健康第一”理念阶段（2000～2013 年）

2000 年，教育部颁布了以素质教育为导向的《九年义务教育全日制小学体育与健康教学大纲（试用修订版）》《九年义务教育全日制初级中学体育与健康教学大纲（试用修订版）》《全日制普通高级中学体育与健康教学大纲（试用修订版）》。大纲指出：“武术是我国民族、民间体育中具有代表性的体育项目。本大纲中，只将武术列为必修内容，其他民族、民间传统体育项目中的养生、健身方法列入选修教学内容”，在教学内容选定方面，小学可增加各地选编的特色拳，初中可增加自编自选套路和短棍。由此，自 1988 年至 1999 年被涵盖入民族传统体育的武术又被单列出来，成为学校体育的必修课。

2001 年，以《国家基础教育改革指导纲要（试行）》为指导的《全日制义务教育普通高级中学体育（1—6 年级）、体育与健康（7—12 年级）课程标准（实验稿）》（以下简称《体育课程标准》）正式颁布；2003 年，《普通高中体育与健康课程标准（ 实验版）》也颁布实施。这次改革首先确立了“健康第一”的指导思想，并以课程标准取代教学大纲，构建了以“运动”“健康”为主线，以五个维度的领域目标和不同学段六级水平目标的课程目标体系；采用国家、地方、学校三级课程管理模式，打破以往刚性规定的体例，为地方、学校、教师自主进行课程资源开发留有很大空间。从表 1-1-1 中可以看出《体育课程标准》对中小学武术教学内容学习水平的目标设定，并且在这一精神指导下，各省市学校开始根据自身特点开发武术教学内容。

表 1-1-1 2001 年、2003 年版《体育课程标准》中关于武术项目的水平设定

水平等级及对应年级	学习和应用运动技能的水平目标	达到该水平目标时，学生将能够
水平一：1～2 年级	初步掌握简单的技术动作	无
水平二：3～4 年级	会做简单的组合动作	做出武术的简单组合动作
水平三：5～6 年级	初步掌握运动基本技术	初步掌握一套简单的武术套路
水平四：7～9 年级	发展运动技战术能力	完成一两套武术套路或对练
水平五：10～12 年级	提高一两项运动的技战术水平	较为熟练地完成一两套一定难度的武术套路或对练
水平六：发展性水平	组织和参加小型体育比赛	组织小型体育比赛，如班级间单项比赛等；参加班级以上的体育比赛，如年级间、校际间、社区内的比赛等

5. “立德树人与核心素养”理念阶段（2014 年至今）

2014 年，教育部印发的《关于全面深化课程改革落实立德树人根本任务的意见》中强调要提升教育的育人功能，并要求研究制订学生发展核心素养体系和学业质量标准。于是，在 2017 年教育部颁布的《普通高中体育与健康课程标准（修订版）》中，首次确定了“体育学科核心素养”及其包含的运动能力、健康行为和体育品德三要素。“武术与民族民间传统体育”是高中体育必修选学的六类运动技能项目之一（球类、田径类、体操类、水上或冰雪类、新兴运动类），高中学生可以每学年进行 1 次运动项目的选择，也可以选择某一运动项目持续学练三年。

回顾我国七十多年来基础教育体育课程的改革以及武术教学内容的演变（表 1-1-2），可以看出国家对于中小学体育改革的方向和思路愈加明晰。因此，在新时代如何落实立德树人、健康第一的指导思想，如何加强学生体育学科核心素养的养成，培养学生终身体育意识和行为，促进学生全面发展，不仅是对中小学体育课程发展的要求，更是对学校武术改革提出的新挑战和新课题。

表 1-1-2 中小学体育课程理念的演变与武术课程的发展特点

时间	中小学体育课程理念	武术课程的特点
1949～1977 年	增强学生体质：基本身体素质和运动技能	以徒手为主的武术内容
1978～1985 年	增强学生体质的三基理念（体育基础知识、基本技术和基本技能）	以徒手及攻防为主的武术内容
1986～1999 年	促进学生身心健全发展，培育学生终身体育能力	以徒手、器械（男女有别）、攻防为主的武术内容，增加五禽戏、八段锦
2000～2013 年	“健康第一”理念下的三维目标（知识和能力，过程与方法，情感、态度与价值观）	自选、自编、地方特色武术内容
2014 年至今	立德树人与核心素养（运动能力、健康行为和体育品德）的课程理念	自选、自编、地方特色武术内容，增加学生自主性和选择性

（二）高等院校武术专业教育

学科建设与专业建设是高校科学研究职能和人才培养职能的体现，因此高校武术教育发展历程也将围绕这两个方面进行回顾。

1952 年 11 月，我国第一家体育高等学府——华东体育学院（现上海体育学院）成立，翌年又创办中央体育学院（现北京体育大学）。随后，各地体育高等院校也相继成立。

1958 年，国家体育运动委员会（现国家体育总局）在青岛召开全国体育学院院长座谈会，明确了武术专业在高等体育教育中的地位和作用。会后，北京体育学院和上海体育学院成立武术系，其他体育院校则开设了武术专项选修课。1961 年，全国体育院校本科讲义《武术》正式出版，教材的出版为武术专业教育的系统化、规范化奠定了基础。

1963 年，教育部第一次发布的《高等学校通用专业目录》中，武术是体育类下设的 8 个专业之一。《普通高等学校本科专业目录》是高等教育工作基本指导性文件之一，它规定专业划分、名称及所属门类，是设置和调整专业，实施人才培养规格、类型和质量等工作的重要依据。新中国成立以来，我国共进行过 5 次《普通高等学校本科专业目录》的修订（表 1-1-3）。其中，2012 年教育部对本科专业目录进行修订时，为突出武术的重要地位，将民族传统体育专业更名为武术与民族传统体育专业，从而对我国的国粹——武术的发展和大中小学的武术教学及专业人才培养产生了深远的影响，武术与民族传统体育专业也在不断地修订中逐渐成熟、完善。

表 1-1-3 我国高等学校体育学专业设置变化情况一览表

时间	专业数	专业设置
1963 年	8 类	体育、田径运动、体操、球类运动、游泳、水上运动、武术、运动保健
1987 年	9 类	体育教育、运动训练、体育管理、体育生物科学、武术、体育保健康复、体育新闻、运动心理、警察体育
1998 年	7 类	体育教育、运动训练、社会体育、民族传统体育、运动人体科学、运动康复与健康、休闲体育
2012 年	7 类	体育教育、运动训练、社会体育指导与管理、武术与民族传统体育、运动人体科学、运动康复、休闲体育
2020 年	13 类	体育教育、运动训练、社会体育指导与管理、武术与民族传统体育、运动人体科学、运动康复、休闲体育、体能训练、冰雪运动、电子竞技运动与管理、智能体育工程、体育旅游、运动能力开发

1977 年国家恢复高考后，全国各体育院校相继成立武术系，高等院校本科武术专业不断发展壮大。为满足武术专业本科人才培养和普修教学需要，全国体育院校教材委员会武术教材小组在 1961 年版《武术》讲义的基础上，分别于 1978 年、1985 年、1989 年、1991 年和 1997 年进行了 5 次修订和完善，陆续出版了两部通用《武术》教材和普修、专修各一部《武术》教材。同时，在国家不断调整和改革专业设置的过程中，武术专业各分支课程如中国武术史、武术理论基础、武术学概论，以及武术套路、武术散手等相继成熟，逐步建立起武术专业的学科体系。截止到 2021 年，全国共有 55 所院校拥有武术与民族传统体育专业办学点，其中 14 所体育专业院校，41 所综合性大学和师范院校；另有 323 所高等院校开设体育教育本科专业，设武术专项必修和选修课。

武术专业教材与学科建制的完善，推动了武术专业学历与学位教育的发展。1984 年，由国务院批准在上海体育学院设立全国第一个“武术理论与方法”硕士学位授权点；1996 年，全国第一个“武术理论与方法”博士学位授权点也设立于上海体育学院。至此，武术人才培养从本科学士学位至研究生博士学位的完整学位授予体系建立完成。

2015 年 10 月，国务院印发《统筹推进世界一流大学和一流学科建设方案》。2017 年，教育部、国家发改委、财政部联合制定《统筹推进世界一流大学和一流学科建设实施办法(暂行)》。2019 年 9 月，国务院印发《体育强国建设纲要》，民族传统体育学在建设体育强国的战略背景下，在国家推进实施“双一流”建设过程中，既面临巨大的挑战和危机，也迎来了史无前例的发展机遇和优势。

武术与民族传统体育专业的发展不仅要全方位考虑人才培养各个环节的改革与毕业生的就业问题，同时应着重从继承中华民族优秀传统文化、弘扬中华民族精神、体现中华民族文化特色和风格出发，打造集武术、中国传统体育养生、民族民间体育等多领域为一体的民族传统体育，使武术与民族传统体育专业更加完善成熟。同时还要根据国家“双一流”建设的评价标准，全面规划和促进学科建设、专业建设、运动项目的全面共同提高，增强学科话语权，实现跨越式发展。

第二节 学校武术教学特点与内容

一、学校武术教学特点

学校是武术技术与武术文化传播的主要阵地,学校武术教育是塑造学生健康体魄、健全人格及培养武术人才的重要途径。武术教学既能发挥“文明其精神”的道德教育,磨炼学生意志品质;又能实现“野蛮其体魄”的身体锻炼,加强学生技能掌握,在教学中追求“精神”和“体魄”的共同提升。学校武术教学通过直观教学、规范教学等,全面提升学生理论认知能力和实践技能水平,形成风格独特的教学特点。具体而言,学校武术教学特点主要体现为“六个注重”。

(一) 注重武德教育,加强学生品质塑造

武德教育贯穿学校武术教学始终。学校武术教学注重提升学生“德艺兼修”的核心素养,推崇“尚武崇德”的精神。在“尚武”方面,倡导学生积极参与武术知识学习与技能练习,进而强健体魄、磨炼意志,塑造勇敢顽强、敢于争胜的勇武精神;在“崇德”方面,注重引导学生提升道德品质,积极践行尊师重道、谦和有礼等道德规范。此外,“武德”还包含刻苦顽强、乐于助人、见义勇为、重义轻利、爱国奉献等价值观念,成为学生习练武术的精神指引和行动指南。

新时代的学校武术教学要继承和发扬优秀武德思想,立足于教学特点,将“言传”与“身教”紧密结合,从理论学习到技能实践全面培养学生武德素养。在理论方面,通过开展武德专题理论课等形式,向学生讲授武德内涵、武德要义等;在实践方面,着重强调武术动作中所蕴含的武德规范,将武德教育融通于技能教学。例如,在武术教学中规范学生抱拳礼、抱刀礼和持剑礼等武术礼节的行使,武术演练始末严格要求行使武术礼节,以表达对观众和对手的尊重。由此,通过武德教育端正学生的学习态度,塑造高尚的道德品质,培育德艺兼修的时代新人。

(二) 注重内外兼修,兼顾学生身心发展

学校武术教学注重学生的内外兼修,兼顾其身心全面发展。习近平总书记始终高度重视国民身心健康,在全国卫生与健康大会上强调“没有全民健康,就没有全面小康”。学校武术教学不仅注重锤炼学生身体,利关节、强筋骨、壮体魄,还强调培养学生内在,修德行、锻心性、铸人格。将武术内化于心、外显于形,内外结合促进学生体魄与精神、德行与技艺协调发展,助推学生实现身心一统。

学校武术教学从健身健心和益智修德等方面,全面提升学生综合素养。在理论教学中,教师向学生讲授武术文化、技术、训练、竞赛等武术基础知识,既可使学生对武术理论形成基本认知,从而提升学生武术专业知识素养,又为学生后期的专业技能学习打下坚实基础。在技术教学中,教师注重对学生肢体动作的规范与修正,要求外在手、眼、身、步协调配合,而后合以内在的心、神、意、气等,做到精神饱满、气势贯通。可以说,学练武术正是一个

由浅及深，逐步促进学生身心全面发展的过程，使学生在武术文化的熏陶中、拳法技理的感悟中、技术动作的体会中，锤炼身体、修养心性，获得综合素质的全面发展。

（三）注重直观教学，发挥教师示范作用

直观教学运用直观、形象的方式，通过近距离向学生展示教学内容，以提升教学效果，从而发挥教师示范引领作用，为学生创造直观、形象的学习环境。就武术教学而言，主要是教师通过身体示范、视频展示等方式进行武术技术动作的直观教学。武术是身体的语言，其动作、节奏、神韵都需要通过教师言传身教，学生才能真切体会，这也是师徒制成为武术传承关键途径的原因所在。同时，由于武术动作数量繁多、身法变化复杂、节奏把握及精气神展现较难掌控等问题，更需要教师在教学过程中做到精准示范、反复演示。

教师在学校武术教学中注重口传身授、身体力行，从不同角度、以不同方式进行动作示范。例如，教学中教师通常将武术动作中的上下肢动作拆解，或是将左右手动作分解，逐一进行示范和讲解，然后再将其组合起来进行整体示范。由此，通过多种示范方法，配合详细的术语讲解，帮助学生形成正确的动作记忆，引导学生掌握教学重点与难点，进而达到较高的动作标准。同时，教师通过正确示范展现出的专业水平与教学能力，具有强烈的感染力，可在学生心中塑造榜样形象，激发学生学习热情，带动学生积极性以提高其主动学习的能力。此外，借助多媒体进行直观教学也是学校武术教学的重要手段之一，如自行录制或引进武术音像视频，以及制作武术多媒体课件等辅助教学。这种方法直观、生动、形象，灵活性较强，可打破时间和空间的局限性，方便学生自行学习，有助于提升教学效果。

（四）注重基本技法，提高学生动作规范

学校武术教学注重基本技法教学，从基础动作抓起，提高学生动作规范。中国武术拳种丰富、流派众多，不同拳种、不同流派的技术风格、动作要领既具有相似性又具有差异性，但主要由“四击”“八法”“十二型”等基本技法构成。因此，在武术教学中教师尤为注重武术基本技法练习。以五步拳为例，其中包含了武术最基本的弓、马、仆、虚、歇五种步型和拳、掌、勾三种手型，以及其他各种步法、手法等基本技法。教师在教授五步拳时，通常会拆解套路动作，对手、眼、身法、步逐一讲解，并要求学生重复练习，在掌握武术基本动作的基础上，再进行动作组合，实现完整套路教学。

注重基本技法学习，一方面，通过对基本动作的分解、组合、重复练习，可增强学生肌肉耐受能力与身体协调能力，进而提高动作规范性，强化动力定型，促使学生掌握动作之间的衔接要领，提升武术套路整体演练效果。另一方面，在规范技术动作的同时，可从技法上解读武术技击原理、演练规律、风格特征等，加深学生对不同动作技法特点、动作要领的理解。除此之外，还能降低学生在武术练习过程中的伤病事故发生率，充分发挥武术健身功效，实现习武健体的良性发展。因此，武术教学应从一招一式的基础动作抓起，加强基本技法练习，提高学生动作规范性。

（五）注重攻防技理，体验动作技击含义

学校武术教学贯穿攻防技理，使学生体验动作的技击含义。武术之所以能历代相传而生生不息，必有其独特而恒定的生命主线，这条主线就是人类在生产与实践过程中，创造和总结出的武术技击方法。发展至今，武术仍然不能脱离自身的技击本质，如武术套路中蹿蹦跳跃、跌扑滚翻、闪展腾挪等动作都蕴藏大量攻防技理，即使是柔和缓慢的太极拳也遵循“四击合法”的基本要义，散手、推手、短兵等对抗项目更是蕴含丰富的技击思想。

在武术教学中渗透攻防技理，使学生体悟技击含义，掌握技击方法，既能提升学生的身体机能水平，起到防身自卫、提升自信的作用，还能改善枯燥的课堂环境，营造和谐有趣的学习氛围，激发学生习练武术的兴趣，提升武术教学效果。因此，在武术教学中教师通常会结合动作攻防技理进行武术技术动作讲解，或者将武术套路中的单式动作拆解出来，进行示范教学，让学生亲身体会武术的技击智慧，使其做到不仅会练而且会运用于实战，从而发挥武术防身自卫的实用价值。例如，教师在进行太极拳中野马分鬃、白鹤亮翅等动作教学时，通常会以专业术语清晰地讲解动作要领、攻防技理，然后进行技击示范，以此给学生最直观的感受，加深学生对武术攻防技理的理解。

（六）注重劲力展现，突出拳种风格特点

劲力是武术技术的核心要素，且不同拳种劲力特点差异明显。据 20 世纪 80 年代的数据统计，中国武术仅“源流有序、拳理明晰、风格独特、自成体系”的拳种就多达 129 种。技术动作是展现拳种风格的基础，在劲力、节奏、神韵等多种要素共同参与下，充分演绎不同风格特征的武术套路。因此，技术动作如果无法展现出劲力，便失去了基本攻防技击特点，也难以体现不同拳种的形、神、意等方面的风格特征，故学校武术教学要注重拳种的劲力展现，以突出其风格特点。

在学校武术教学中，教师在学生熟练完成单式动作、掌握组合动作后，会通过言传身教的方式，将理论知识与动作示范相结合，引导学生加强武术劲力练习，使之产生形美、劲透、质善的境界升华，充分展现出所教授拳种的劲力特征。例如，太极拳教学时既注重理论术语引导，“其根在脚，发于腿，主于腰，形于手指”，也强调动作技术劲力表现，“运劲如抽丝，蓄劲如张弓，发劲似放箭”，从而使学生体验其独特的运劲特征，领悟演练技巧与技术精髓。

二、学校武术教学内容

新中国成立后，中小学体育课程教材采用的是国家统编教材。自 1986 年国家教育委员会成立全国中小学教材审定委员会及各学科教材审查委员会，并于次年颁布《全国中小学教材审定委员会工作章程》等文件后，统编教材制度开始向审定教材制度转变，“一纲一本”也逐渐被“一纲多本”所代替，即在统一基本教学要求的前提下，允许各地根据自己的情况调整和补充某些教材内容和教学要求，编写结合本地实际的乡土教材和适宜智力发展较快学生的选修教材。

2001 年，教育部颁发的《基础教育课程改革纲要（试行）》中，再次明确课程管理改革的目标，实行国家、地方、学校三级课程管理。随着分级管理理念的逐步渗透，很多地区开始着手开发、编写适合本地域特点的体育课程和教材。除人民教育出版社组织编写的《体育与健康》教材外，更有上海教育出版社、江苏教育出版社、教育科学出版社、华东师范大学出版社等版本的中小学体育课程教材，凸显出一定的地域特色。本节主要选取人民教育出版社《体育与健康》、上海教育出版社《体育与健身》、华东师范大学出版社《体育与健康》1～12 年级的武术教学内容进行梳理。

(一)《体育与健康》(人民教育出版社)武术教学内容

《体育与健康》(人民教育出版社)是学校武术教学中使用较普遍、广泛的教材,其涵盖从小学到高中各学段武术教学内容,全册共 7 本,根据学生身心发育水平和特点,制定了适应不同学段的武术教学目标、内容与建议,为学生了解掌握武术技能提供了较全面的理论支撑。

在小学阶段,1～2 年级以兴趣培养为主要目标,以武术的基本功、基本动作和武术健身操为主要内容,使学生初步了解武术的基本知识和运动特点。3～4 年级重点学习武术基本动作和简单组合动作,如将冲拳、掌法、腿法、步法连接起来的简单组合等。5～6 年级主要学习"少年拳(第一套)"。

该教材在初中阶段设置的武术教学内容,不仅有益于学生身心的健康发展,而且对增强学生的文化认同感和培植爱国主义精神都具有良好促进作用。其中,7 年级以"健身长拳"为主,该套路短小精练、展现出北方拳种的技击特色,通过习练可使学生感受武术特色身体文化和基本攻防技法运用,培养勇猛顽强、尚武崇德的优良品质。8 年级以"健身南拳"为教学内容,涵盖传统南拳中的手法、身步、劲力等特色,使学生在学练中了解、感受地域武术特色,增强民族自豪感。9 年级以"健身短棍"为教学内容,让学生体验身械协调、物我合一的技术方法。

该教材在高中阶段设置了"形神拳""太极入法五步"以及防身术的内容,有助于学生深化对武术的整体认知。

(二)《体育与健身》(上海教育出版社)武术教学内容

《体育与健身》(上海教育出版社)由上海师范大学主持编写,供小、中、高 3 个学段 12 个年级使用,是以"健康第一"为指导思想、以"健身育人"为主旨的体育课程教材。该教材设置的武术内容,注重培养学生的身体表现能力。

从小学阶段的教学内容看,武术均列在"身体表现"章节,与翻滚与支撑跳跃、垫上操、少儿搏击操等归为一类。其中,1～2 年级以武术基本手型、步型为主,配合组合动作进行练习,如虚步亮掌、弓步推掌等。3～4 年级在注重武术基本功基础上,将单一动作进行组合,形成简单的套路。5 年级开始学练"五步拳",从最基础的武术套路开始,逐步提升武术技能。

初中阶段,教学内容在注重武术基本功的基础上,将武术的单练套路、对练套路等内容引入其中。其中,6 年级引入武术单练的徒手拳术组合与徒手对练组合,使学生通过学练掌握拳术组合的基本动作。7 年级以十步拳和十步拳对练为教学内容,通过掌握十步拳及对练的动作要领,了解十步拳及对练的健身价值和攻防原理。8～9 年级以少年连环拳、段位制短棍套路及对练为主,通过学练攻防技法,了解武术攻防原理,发展身体综合素质。

高中阶段,以新编长拳和简化太极拳(二十四式)为主要内容,并配以丰富的图文信息,使学生能够做到看图自练武术,从而提高自我健身能力。

(三)《体育与健康》(华东师范大学出版社)武术教学内容

《体育与健康》(华东师范大学出版社)是以"健康第一"为指导思想的体育课程教材。

该教材设置的武术内容，针对不同阶段学生的身体特征及发展需要，将武术运动与健康知识有机结合。

从1～6年级三册教材的内容看，武术在第二章"运动技能"部分中，统称为"武术类活动"。教学内容中的"全国中小学生系列武术健身操'旭日东升'"贯穿教学始终，再由1～2年级的基本手型、手法、步型、简单组合动作，3～4年级的腿法、组合动作、五步拳，到5～6年级的复杂组合动作、少年拳，每个阶段的具体内容各不相同，呈现出逐级递进的学习顺序，逐步提高习武兴趣，养成习武健身的习惯。

初中阶段，在原有技能学习、强身健体的基础上，融入武术竞赛、文化、服装等知识。从7～9年级三册教学内容看，7年级在进一步深化武术基础技术练习的基础上，增加武术的起源与发展、特点与价值的简述；8年级在加强武术基本功练习的基础上，融入武术运动的裁判规则、竞赛知识、服装要求；9年级不仅教授武术技术实践运用，讲述武术运动之美等，还列举了常见的运动损伤与预防方法。

高中阶段，该套教材没有明确具体教学内容，而是从武术与民族民间传统体育类运动技能的掌握、提高及运用三个方面对武术运动进行了整体性概述，开阔学生认识武术的视野。

第三节　中华武德与学校武术礼仪

一、中华武德与武术谚语

（一）中华武德的形成与发展

中华武德是中国武术的重要组成部分，是"从事武术活动的人在社会活动中所应遵循的道德规范和应有的道德品质"。在中国数千年的历史绵延中，自然环境、经济环境、政治环境、文化环境等对中华武德的形成发展产生了极为重要的影响。在自然环境方面，古代中国疆域辽阔，地理位置优越，孕育了武术习练者质朴淳厚、自强不息等道德品性；在经济环境方面，古代中国数千年自给自足、生产稳定的小农经济，培植了武术习练者艰苦奋斗、崇尚和谐等道德意识；在政治环境方面，传统社会的宗法制度及历代统治者伦理教化的刻意渗透，增强了武术习练者忠孝为首、尊师重道等道德自觉；在文化环境方面，历代文化思想影响了武德发展，如孔子以前主要是"孝友"和"慈爱"，而孔子则提出以"仁"为社会的道德核心，以"礼"为社会道德的原则的总体框架，同时将"勇"提升至"三达德"高度，强化了习武者武不善作、以和为贵等道德认同。

新中国成立后，武德对丰富习武者精神世界、锻造习武者意志品质、约束习武者日常行为起着更加重要的作用。社会需求的带动，使全国各级教育部门意识到武德教育的重要性，借助学校教育这一平台，逐步将武德教育融入学校武术教育。学校武德教育不仅有利于学生更精准、更深层地理解武术内涵，养成良好举止规范与学习习惯，同时还可以营造良好校园文化环境。2018年，习近平总书记在全国教育大会上强调："要把立德树人融入思想道德教育、文化知识教育、社会实践教育各环节"。然而，中华武德教育开展实不理想，校园实践推广工作开展也较为薄弱。武德的相关课程设置较为匮乏，武德教育的开展主要依附于武术课程，且主要以“抱拳礼”“持剑礼”等基本礼法及习练过程中的简单规范等基础武德准则为主，武德教育内容、形式和方法较为单一。

2021年，《中华人民共和国国民经济和社会发展第十四个五年规划和2035年远景目标纲要》颁布并指出：“加强社会主义精神文明建设，培育和践行社会主义核心价值观，推动形成适应新时代要求的思想观念、精神面貌、文明风尚、行为规范”。在此背景下，中华武德被赋予了新的历史使命，其新时代发展要紧扣社会主义核心价值观，在创造性转化、创新性发展中，推进中华优秀传统文化传承发展工程，助力公民道德建设。在学校武术教育阵地中，要紧扣学生的身心发展需求，将中华武德思想在校园内广为推广，助力落实立德树人根本任务。例如，“尊师重道、自强不息、勤学苦练”等武德思想，与社会主义核心价值观关联紧密，且符合学生的身心发展需求，可规范学生的行为方式、培养学生的意志品质，进而帮助学生塑造理想人格。因此，要进一步提炼武德教育思想，创设、优化学校武德教育课程，强化武术教师的武德教育意识，提升武术教师的专业素养，使武德教育贯穿学校武术教学始终，从而促进学生身心全面健康发展，加强社会主义核心价值观的培育和践行，助力社会主义精神文明建设。

新时代中小学教师职业行为十项准则

（二）武术谚语的道德指向

武术谚语即民间流传的武术固定语句，是用简单通俗的语言反映武术的深刻道理，其实质是传统武术理论。武术谚语以通俗易懂的风格、口耳相传的形式，全面、形象地阐述了武德思想内容，并成为习武者举手投足间的行为准则，如武术谚语“未曾学艺先学礼，未曾习武先明德”，便着重强调了道德在武术修习中的重要性。武术谚语中的武德内容，主要着眼于习武者道德观念与意志品质的塑造，主要体现为“武德要义、授武原则、习武要求、用武规训”四方面内容。

武德要义：通过运用夸张、比喻等修辞手法，形象生动地突出了武德的重要性，如“武德比山重，名利草芥轻”“不讲武德，便是武贼”“尊师要像长流水，爱徒要像鸟哺雏”等。

授武原则：阐发了师德相关要求，如“远行须问路，授拳先教德”“为武师，须教礼；德不贤，不可传”等。

习武要求：突出了武德修养在习武练武中的重要性，如“未曾学艺先学礼，未曾习武先明德”“始练性，后练功”“十年练功，百年养性”“练拳要勤，学拳要诚”等。

用武规训：从道德维度阐释了习武者的用武规范，如“会拳莫打架”“遇强不惧，见弱不欺”“宁可先挨打，决不先打人”“人有好歹，艺有高低；文不乱讲，武不妄动”等。

表1-3-1列举了部分武德谚语及释义。

表1-3-1　武德谚语及释义

类别	谚语	释义
武德要义	尚武崇德。	崇尚勇武，推崇道德。
	武以德立，德为艺先。	武德是习武者立足的根本，道德重于技艺。
	文以评心，武以观德。	通过文章内容可看出撰文者的心性，通过武术运用可看出习武者的德行。
	文以德馨，武以德显。	文人以道德流芳，武者因武德显扬。

续表

类别	谚语	释义
武德要义	不讲武德，便是武贼。	习武者武德低下，便是武术界的败类。
	人讲信义，拳见正义。	注重诚信守义的习武者，拳术运用才能体现出正义。
	心正则拳正，心邪则拳邪。	内心正直则行拳正气凛然，内心邪恶则行拳偏邪不端。
	武德比山重，名利草芥轻。	视武德重于山，视名利轻如草。
	武人相敬莫相倾。	习武之人应相互尊敬，而非排斥、倾轧。
	理字不多重，万人担不动。武夫不讲理，艺高难服众。	理尚公正，不因人数多寡而有偏颇。习武者不讲道理，技艺再高也难以服众。
授武原则	远行须问路，授拳先教德。	远行必须先问清道路，教拳必须先传授武德。
	教武要认真，不能把人误。	教授武术应认真，不能误人子弟。
	传真不传假，教艺又教功。	教拳应教真功夫，既传授技法又训练功力。
	浇花要浇根，教拳要教人。	浇花要浇其根部，教拳要教其做人。
	教拳要严，授拳要慎。	教拳要严格，择徒要谨慎。
	为武师，须教礼；德不贤，不可传。	作为武术老师，必须教授学生礼仪；德行不佳的人，不可传授。
	万两黄金不卖艺，十字街头送志人。	教拳授艺应选有志之士，不受金钱影响。
	宁可失传，决不误传。	武术传承宁愿失传，也决不能传给不合适的人。
	缺德者不可与之学，丧礼者不可教之技。	品德不佳的老师，不可向其学习武术；没有礼节的学生，不可教授其技艺。
	德仁者不教失仁，不德之人传而失艺。	不教仁德之人，则失去了仁德；传给不道德之人，则失去了技艺。
习武要求	未曾学艺先学礼，未曾习武先明德。	没学习技艺之前先学习礼仪，没学习武术之前先明了武德。
	始练性，后练功。	先修心性，后练功夫。
	十年练功，百年养性。	练功若需十年，养性则要百年。
	练拳要勤，学拳要诚。	练拳要勤奋，学拳要心诚。
	良师倡武德，苦恒出高手。	好的老师倡导武德培养，刻苦坚持才能成就高手。
用武规训	会拳莫打架。	会武术不可打架斗殴。
	宁输拳，不输人。	宁可输掉比试，不能输掉人格。
	尚德为先，以守为重。	以崇尚道德为先，以重守慎攻为宜。

续表

类别	谚语	释义
用武规训	遇强不惧，见弱不欺。	遇到强者不畏惧，见到弱者不欺凌。
	宁可先挨打，决不先打人。	遇到冲突应尽量礼让，不可先出手伤人。
	不会“打人”学打人，学会“打人”不打人。	不懂格斗要学习武术，但学会武术后却不会随意动武。
	有武功莫称霸，无人格失拳法。	会武术不可蛮横霸道，丢掉了人格，拳法也就无从谈起。
	艺高不压人，功硬不欺人。	技艺高不能压制别人，功夫强不能欺负他人。
	人有好歹，艺有高低；文不乱讲，武不妄动。	人品有好有坏，技艺有高有低；言论不可随便发表，武力不能轻易使用。

二、学校武术礼仪规范

（一）学校武术礼仪的应用说明

学校武术礼仪是指在学校范围内开展武术教育时师生间共同遵循的一种武德行为规范，是教师和学生获得尊重与被尊重、认可与被认可的重要方式。学校武术礼仪在武术课堂与课余生活中应用十分广泛，既有助于规范学生行为举止，提升学生道德素养，又有助于增进师生之间、同学之间的情感交流，培育学生尊师重道、关心同学的优良品德。

1. 课堂武术礼仪

武术课堂是一个严肃的教学场所，具有较多的礼仪与规范。总体而言，课堂武术礼仪的应用主要体现在理论课堂和技术课堂。

（1）理论课堂武术礼仪

武术理论课堂中常用抱拳礼。在上课前，教师喊“上课！”，班长发口令“起立，敬礼！”，全体学生起立行抱拳礼，同时喊“老师好！”，随后老师应行抱拳礼向学生回礼，同时回应“同学们好，请坐！”，学生坐下，礼毕，上课开始。在上课中，若老师提问或学生发言，学生应起立先向老师行抱拳礼以示尊重，老师可行颔首礼回礼，学生再作发言，发言结束，老师说“请坐！”，学生行抱拳礼，并说“谢谢老师！”。礼毕，学生坐下，问答结束。在下课前，学生须等待老师喊“下课！”，班长发口令“起立，敬礼！”，全体学生起立行抱拳礼，同时喊“老师再见！”，然后老师行抱拳礼向学生回礼，同时回应“同学们再见！”，礼毕，课堂结束。

（2）技术课堂武术礼仪

武术技术课通常在武术馆或操场进行。上课前，班长或队长整队完毕，应先向老师行抱拳礼（老师回抱拳礼），并汇报班级考勤情况，汇报完毕归队，然后老师喊“上课！”，班长发口令“敬礼！”，全体学生向老师行抱拳礼，同时喊“老师好！”，老师应行抱拳礼向学生回礼，同时回应“同学们好！”，礼毕，上课开始。下课前，班长或队长集合完毕，须等待老师喊“下课！”，学生回答“老师再见！”，同时行抱拳礼，然后老师回应“同学们再见！”，同时行抱拳礼，礼毕，师生下课。另需说明，在课堂中老师对学生进行指导或学生进行展示等，学生应主动向老师行礼以示尊重，具体行礼方式可依据教学内容选择，如所授内容为刀术，即可行抱刀礼。

2. 课外武术礼仪

在课外，武术礼仪的应用形式相对简单，师生之间、同学之间可通过抱拳礼、鞠躬礼、颔首礼等方式进行见面问候。师生见面时，学生应主动向老师行礼（在教学场所可行抱拳礼，非教学场所可行鞠躬礼），同时喊“老师好！”，老师可以颔首礼回礼，同时说“你好！”。同学见面时，行礼次序与形式则不做具体规定，可相互行礼问好。总之，校园武术礼仪是一种道德和礼貌的体现，重在传递师生之间、同学之间的关怀与敬重之意，彰显中华武德的优良传统。

（二）学校武术礼仪规范

学校武术礼仪的规范应用对学生武德培养具有重要作用，主要包括徒手礼、器械礼两方面，常应用于课堂及课外（不包括竞赛活动）。

1. 徒手礼

学校武术礼仪中的徒手礼主要包括抱拳礼、鞠躬礼、颔首礼，其中抱拳礼为中华武术的特有礼节，体现出武术礼仪的独特内涵。

（1）抱拳礼

抱拳礼的方法：并步站立，头正、身直、目视受礼者。右手成拳，左手四指并拢伸直成掌，拇指屈拢，左掌心掩贴右拳面（左指根线与右拳棱相齐），左指尖与下颏平齐，右拳眼斜对胸窝，置于胸前屈臂成圆。肘尖略下垂，拳掌与胸相距20～30厘米，面容举止自然大方。

抱拳礼的内涵：第一，左掌右拳拢屈，两臂抱圆，表示五湖四海是一家，以武会友，谦虚团结；第二，左掌为文，右拳为武，表示文武兼修，虚心好学；第三，左掌四指并拢表示德、智、体、美齐备，屈拇指表示虚心，不自大，不骄傲，右拳表示勇猛习武，左掌掩右拳相抱，表示不以武作乱，以武德来约束、节制勇武。

（2）鞠躬礼

鞠躬礼的方法：并步站立，两手垂置于体侧，手心向内贴于大腿外侧，上体向前倾15°。

鞠躬礼的内涵：弯腰低头表示恭顺，是一种向人致意、表达尊敬的礼仪。

（3）颔首礼

颔首礼的方法：并步站立，目视受礼者，头部向下轻轻一点，身体保持中正。

颔首礼的内涵：微微点头以示友好，表达对受礼者的认可与尊重。

2. 器械礼

器械礼是习练武术器械时所行使的礼节。

（1）持械礼

① 抱刀礼：并步站立，左手抱刀，屈臂抬起使刀横于胸前，刀刃向上；右手成掌，以掌心附于左手拇指第一指节上，高与胸齐。两手与胸间距离为20～30厘米。② 持剑礼：并步站立，左手持剑，屈臂抬起使剑身贴前臂外侧斜横于胸前；右手成掌，以掌外沿附于左手食指根节，高与胸齐。两手与胸间距离为20～30厘米。③ 持枪礼：并步站立，右手持枪把段（靠把端三分之一处），屈臂置于胸前，枪身直立；左手成掌，掌外侧附于右手腕部，两手与胸间距离为20～30厘米。④ 持棍礼：并步站立，右手持棍把段（靠把端三分之一处），屈臂置于胸前，棍身直立；左手成掌，掌外侧附于右手腕部，两手与胸间距离为20～30厘米。

(2) 递械礼

① 递刀礼:并步站立,左手托护手盘,右手托刀前身,使刀平横于胸前,刀刃向里,目视接刀者。② 递剑礼:并步站立,左手托护手盘,右手托剑前身,使剑横于胸前,剑尖朝右,目视接剑者。③ 递棍礼:并步站立,双手握棍于把段处(靠把端三分之一处),左手在上,两臂屈圆,使棍竖于体前,棍梢端朝上,目视接棍者。④ 递枪礼:并步站立,双手握枪于把段处(靠把端三分之一处),左手在上,两臂屈圆,使枪竖于体前,枪尖朝上,目视接枪者。

(3) 接械礼

① 接刀礼:并步站立,左手掌心朝上托刀于递刀者两手之间,右手心朝下接握刀柄,目视右手接刀。② 接剑礼:并步站立,左手掌心朝上托剑于递剑者两手之间,右手心朝下接握剑柄,目视右手接剑。③ 接棍礼:并步站立,两手虎口朝上,上下靠拢,左手在上,靠近递棍者手下部接握,目视双手接棍。④ 接枪礼:并步站立,两手虎口朝上,上下靠拢,左手在上,靠近递枪者手下部接握,目视双手接枪。

课后思考

1. 简述学校武术的定义。
2. 请列出唐代武科举的选拔内容。
3. 新中国成立以后,武术何时被正式纳入中小学体育教材?
4. 2001 年《体育课程标准》正式颁布后,武术教学目标和水平要求产生了什么变化?
5. 简述学校武术的教学特点。
6. 武术谚语中的武德内容主要体现在哪几个方面?
7. 举例说明中华武术谚语及其内涵。
8. 论述学校武术礼仪规范的主要内容。

第二章

学校武术基本动作

章前导言

武术基本动作是学习和掌握武术套路运动的基础,学练武术基本动作可以提高学生关节的柔韧性与灵活性、增强肌肉力量与肢体协调性,为武术套路技术发展奠定基础。本章学校武术基本动作主要包括手型与步型动作、柔韧与平衡动作、腿法与跳跃动作等,涵盖中小学武术套路相关教学内容。武术套路基本动作学习需要不断练习与重复,因此教师在教学过程中应采用兴趣化的教学方式,并根据不同学生的个体情况,循序渐进地开展武术基本动作教学。

学习目标

- 了解学校武术基本动作技术内容,能够根据不同学段选取适当的技术开展教学。
- 掌握学校武术基本动作技能与方法,具备武术套路基本动作的示范与讲解能力。
- 掌握学校武术基本动作易犯错误与纠正方法,加强教学指导与训练能力。

第一节　手型与步型动作

一、手型手法

(一) 手型

1. 拳

动作说明:五指先并拢伸直,然后将食指、中指、无名指和小指卷握,再弯曲拇指紧扣在食指和中指的第二指节(图 2-1-1)。

动作要点：拳握紧，拳面平，直腕。

2. 掌

动作说明：四指伸直并拢，拇指弯曲紧扣于虎口处（图 2-1-2）。

动作要点：四指并拢并伸直。

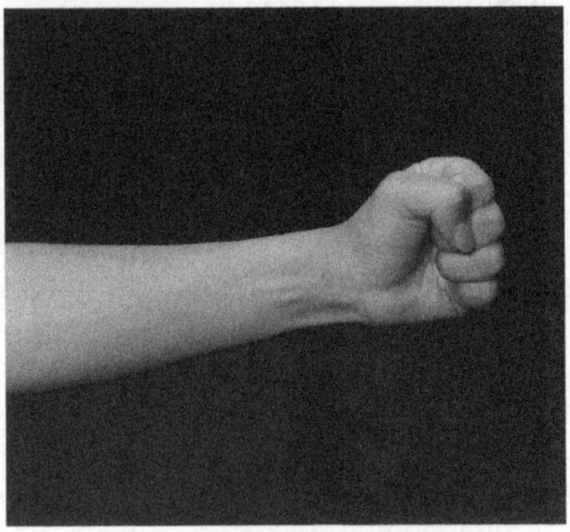

图 2-1-1 拳

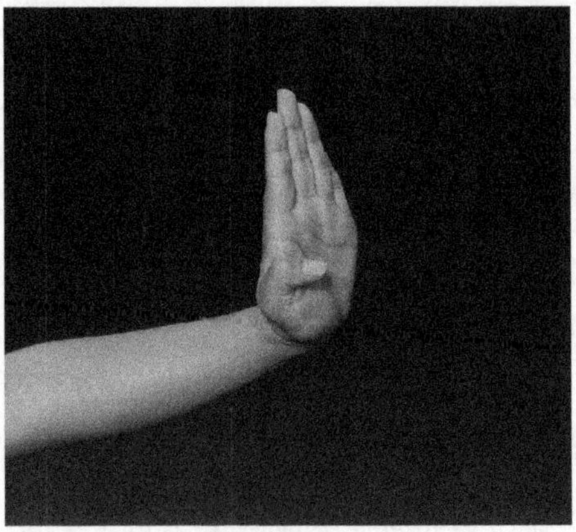

图 2-1-2 掌

3. 勾

动作说明：五指捏拢成勾，屈腕（图 2-1-3）。

动作要点：五指捏紧，充分屈腕。

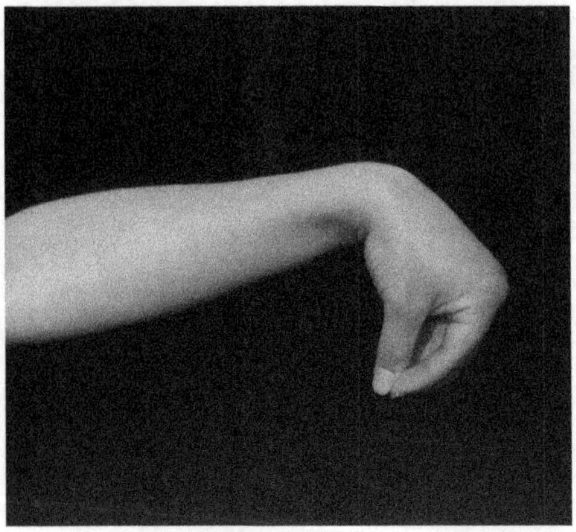

图 2-1-3 勾

手型易犯错误及纠正练习方法参考表 2-1-1。

表 2-1-1 手型易犯错误及纠正练习方法

手型	易犯错误	纠正方法	练习方法
拳	拳面不平	四指卷握尽量平齐	● 练习前剪短过长的手指甲 ● 可反复练习握紧、放松动作，感受五指握力
	空心拳	强调手指握力，四指卷紧后再扣大拇指	

续表

手型	易犯错误	纠正方法	练习方法
掌	四指分开或屈指	一手立掌，另一手握紧四指，将掌指向手臂方向压振	● 一手立掌，另一手握紧四指，将掌指向手臂方向压振 ● 可掌指向下，借助墙壁前推，拉伸立掌
勾	指尖捏拢，勾尖不明显	强调五指第一指节捏拢	● 五指捏拢，做腕部由伸到屈的动态练习，感受屈腕力度，以规范屈腕幅度
	屈腕不成勾	五指捏拢，做腕部由伸到屈的动态练习	

(二) 手法

1. 冲拳

动作说明：两脚左右开立，与肩同宽，两拳抱于腰间，肘尖向后，拳心向上；右拳从腰间向前平伸冲出，转腰顺肩，在肘关节过腰后，右前臂内旋，变拳心向下，拳眼向左，力达拳面，高与肩平（图 2-1-4）。可左右交替进行。

动作要点：挺胸、收腹、直腰，肩部松沉；拧腰、顺肩，旋前臂连贯顺达；出拳快速有力，要有寸劲。

2. 架拳

动作说明：两脚左右开立，与肩同宽，两拳抱于腰间，肘尖向后，拳心向上，拳眼向外；右拳向下、向左、向上经头前向右上方划弧架起，拳眼向下，目视左方（图 2-1-5）。可左右交替练习。

动作要点：松肩，肘微屈，前臂内旋；架拳快速有力，要有上架的寸劲。

图 2-1-4　冲拳

图 2-1-5　架拳

3. 推掌

动作说明：两脚左右开立，与肩同宽，两掌抱于腰间；右拳变掌，前臂内旋，以掌根为力点从腰间向前平伸推击，转腰顺肩，高与肩平（图 2-1-6）。可左右交替进行。

动作要点：拧腰、顺肩、沉腕、翘掌；出掌快速有力，有寸劲。

4. 亮掌

动作说明：两脚左右开立，与肩同宽，两掌抱于腰间，肘尖向后；右掌经体侧向右、向上划弧；至头部右前上方时，抖腕亮掌，臂成弧形，掌心斜向上，目光随右掌至右侧后向左（图 2-1-7）。可左右交替进行。

动作要点：划弧略慢，抖腕加速；抖腕、亮掌、转头同时完成。

图 2-1-6　推掌

图 2-1-7　亮掌

手法易犯错误及纠正练习方法参考表 2-1-2。

表 2-1-2　手法易犯错误及纠正练习方法

手法	易犯错误	纠正方法	练习方法
冲拳	冲拳时耸肩肘外展，冲拳未从腰间发力	强调肘部贴肋运行，使拳内旋冲出	● 先慢速练习，注意动作准确性，逐渐过渡到快速有力 ● 初学时可由同伴在其面前一臂之外的距离，与其肩同高处立掌，让其向目标冲拳，拳掌不相及，避免产生误伤。或悬挂一张纸，画一击打图标，观察拳面和纸张相击，声音响和目标准
	冲拳过高或过低	可在练习者前面设置与肩同高的目标，或由同伴在其面前一臂之距，与其肩同高处立掌，让其向目标冲拳	
	冲拳无力	强调拳握紧、肩下沉，冲拳快速	
架拳	经体侧亮拳，动作路线错误	同伴以拳或掌向其头部下劈，给以目标，让其体会上架动作要领	● 先慢速练习，注意动作准确性，逐渐过渡到快速有力 ● 由同伴以拳或掌向其头部下劈，给以目标，加强体会上架动作要领 ● 结合步型、步法、手法进行冲拳练习，如“马步架打”

续表

手法	易犯错误	纠正方法	练习方法
推掌	推掌时耸肩肘外展，推掌未从腰间发	强调肘部贴肋运行，使掌内旋推出	● 先慢速练习，注意动作准确性，逐渐过渡到快速有力 ● 结合各种步型、步法、腿法进行冲拳练习
	推掌过高或过低	可在练习者前面设置与肩同高的目标，让其向目标推掌	
	推掌无力	强调沉腕翘掌，推掌快速	
亮掌	抖腕动作不准确	加强抖腕、转腕练习，提高腕部灵活性	● 先慢速练习，注意动作准确性，逐渐过渡到快速有力 ● 用信号或语言提示，使抖腕亮掌和转头配合一致 ● 结合各种步型、步法、腿法进行冲拳练习
	抖腕、亮掌、摆头动作不一致	以信号或语言提示，使其配合一致	

二、步型步法

（一）步型

1. 弓步

动作说明：左脚向前一大步，左腿屈膝半蹲（大腿接近水平），脚尖微内扣，膝与脚尖垂直；右腿挺膝伸直，脚尖内扣，斜向前方，两脚全脚着地；上体正对前方，两手抱拳于腰间，目视前方（图 2-1-8）。屈左腿为左弓步，屈右腿为右弓步。

动作要点：前腿弓，后腿绷；挺胸、塌腰、沉髋。

2. 马步

动作说明：两脚平行开立，两脚间距离约为本人身长的二分之一，脚尖正对前方；屈膝半蹲，膝部不超过脚尖，大腿接近水平，重心落于两腿之间，两手抱拳于腰间，目视前方（图 2-1-9）。

动作要点：挺胸塌腰，脚跟外蹬；身体中正，重心居中。

图 2-1-8 弓步

图 2-1-9 马步

3. 虚步

动作说明：并步站立，两拳抱于腰间；右脚尖外展45°，两腿屈膝半蹲，左脚向前伸出一步，脚尖稍内扣，虚点地面，膝微屈，重心落于右腿，目视前方（图2-1-10）。左脚在前为左虚步，右脚在前为右虚步。

动作要点：挺胸、直背、塌腰；前虚后实，虚实分明。

4. 仆步

动作说明：两脚左右开立，右腿屈膝全蹲，大腿和小腿靠紧，臀部接近小腿，右脚全脚着地，脚尖和膝关节外展；左腿挺膝平仆，脚尖里扣，全脚着地；两手抱拳于腰间，目视左侧前方（图2-1-11）。仆左腿为左仆步，仆右腿为右仆步。

动作要点：挺胸、直背、塌腰、沉髋；屈蹲腿全蹲，平仆腿挺膝，两脚全脚着地。

图2-1-10　虚步

图2-1-11　仆步

5. 歇步

动作说明：两腿交叉屈膝全蹲，左脚全脚着地，脚尖外展；右脚脚前掌着地，膝部贴近左腿外侧，臀部坐于右腿接近脚跟处（图2-1-12）。左脚在前为左歇步，右脚在前为右歇步。

动作要点：挺胸塌腰；两腿靠拢并贴紧。

图2-1-12　歇步

步型易犯错误及纠正练习方法参考表 2-1-3。

表 2-1-3 步型易犯错误及纠正练习方法

步型	易犯错误	纠正方法	练习方法
弓步	弓步过大或过小	关注膝与脚尖垂直	● 初练时弓步站立时间不宜过长，左右交替进行练习 ● 原地保持弓步姿势不动，结合冲拳、推掌进行练习 ● 行进间练习：左弓步右冲拳，再上步接做右弓步左冲拳，连续进行
	后腿屈膝、拔跟	提高腿部和踝关节柔韧性，强调挺膝，脚跟蹬地。	
	上体不正，凸臀	膝与脚尖正对前方，注意沉髋	
马步	脚尖外撇	强调两脚跟外蹬	● 初学时可手扶一定高度物体进行练习 ● 逐渐延长练习时间 ● 原地做马步冲拳或推掌练习 ● 行进间练习：连续上步做马步架打
	两脚距离过大或过小	量出合适距离再下蹲练习	
	弯腰跪膝	强调挺胸塌腰，膝不超过脚尖的垂直线	
虚步	虚实不清	前脚先不着地，等支撑腿下蹲后再以脚尖虚点地面成虚步	● 可先手扶一定高度物体进行练习，或先做高位虚步，逐渐按照规格要求练习 ● 逐渐延长练习时间 ● 可结合手型手法练习：左右虚步勾手挑掌
	后腿蹲不下去	可做单腿屈蹲或双腿负重屈蹲等练习，发展下肢力量	
仆步	平仆腿弯曲，脚外侧掀起，脚尖上翘外展	平仆腿脚外侧抵住固定物体（墙壁），使全脚掌着地	● 可先手扶一定高度物体进行练习，先把姿势放高一些，逐渐按照规格要求练习 ● 逐渐延长练习时间 ● 可结合手型手法练习：仆步勾手亮掌 ● 行进间连续做仆步穿掌
	屈蹲腿无法全蹲，脚跟提起	强调平仆腿一侧用力 沉髋、拧腰，多做仆步压腿练习	
歇步	动作不稳定	前脚脚尖外展，两脚之间距离适中，两大腿交叉贴紧	● 可先手扶一定高度物体进行练习，先把姿势放高一些，逐渐按照规格要求练习 ● 逐渐延长练习时间 ● 可结合手型手法练习：左右歇步穿手亮掌
	两腿贴不紧	缩小两脚间距，后腿紧贴前腿外侧，并加强膝、踝关节的柔韧性	

（二）步法

1. 击步

动作说明：两脚前后开立，与肩同宽，两手叉腰；重心前移，后脚离地提起，前脚随即蹬地跳起；在空中时，后脚向前碰击前脚里侧；落地时，后脚先落，前脚后落（图 2-1-13）。

动作要点：跳起时，保持上体正直并侧对前方；不必跳起很高，离地即可；击碰、落步要迅速。

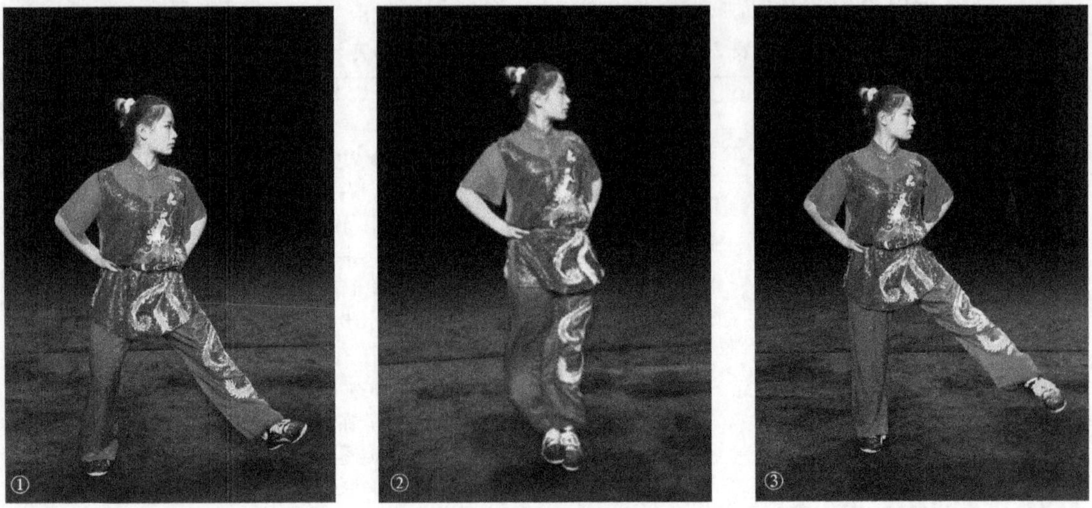

图 2-1-13　击步

2. 垫步

动作说明：两脚前后开立，与肩同宽，两手叉腰；后脚离地提起；脚掌向前脚处落步，前脚立即以脚掌蹬地向前上跳起，将位置让于后脚；再屈膝提脚向前落步（图 2-1-14）。

动作要点：跳起时，保持上体正直并侧对前方；不必跳起很高，离地即可；落步要轻盈、迅速。

图 2-1-14　垫步

3. 弧形步

动作说明：两脚前后开立，与肩同宽，两手叉腰；两腿略屈，两脚迅速连续向侧前方行步；每步大小略比肩宽，走弧形路线（图 2-1-15）。

动作要点：挺胸、塌腰；保持半蹲姿势，行步迅速，重心平稳、不起伏；落地时，由脚跟迅速过渡到全脚掌，并注意转腰。

图 2-1-15　弧形步

步法易犯错误及纠正练习方法参考表 2-1-4。

表 2-1-4　步法易犯错误及纠正练习方法

步法	易犯错误	纠正方法	练习方法
击步	空中两脚无相击	强调击碰加速	● 可先做地面踏步走，逐渐过渡到腾空 ● 可连续、左右进行练习 ● 可结合挑掌等手法进行练习
垫步	左右脚配合不协调	先做慢速地面踏步走，逐渐加速过渡到完整的垫步动作	● 先做地面踏步走，熟悉两脚顺序和位置，逐渐加快两脚衔接速度，形成完整的垫步动作
弧形步	重心起伏，行步不平稳	强调半蹲姿势，行步时两脚间距不宜过大	● 可先高位练习，逐渐过渡到半蹲 ● 可结合勾手推掌或立掌亮掌进行，路线可走“S”形
	形同跑步	两脚不宜抬脚过高，小幅贴地而行	

第二节　柔韧与平衡动作

一、柔韧动作

（一）腰部柔韧动作

1. 前俯腰

动作说明：并步站立，上体前俯，十指交叉，两手尽量贴地（图 2-2-1）。

动作要点：两腿并拢，挺膝伸直。

2. 甩腰

动作说明：开步站立，身体前俯，两臂平伸于前下方，以腰、髋关节为轴，上体做前后屈和甩腰动作，两腿伸直，两臂跟着甩动（图 2-2-2）。

动作要点：两腿保持直立；前后甩腰要快速，动作紧凑有弹性；甩腰后屈做到抬头、挺胸凸腹，身体成半圆环状。

图 2-2-1　前俯腰

图 2-2-2　甩腰

腰部柔韧动作易犯错误及纠正练习方法参考表 2-2-1。

表 2-2-1　腰部柔韧动作易犯错误及纠正练习方法

腰部柔韧动作	易犯错误	纠正方法	练习方法
前俯腰	屈膝	俯腰程度根据自身情况进行调整，始终保持挺膝	● 初练阶段根据身体情况调整俯身程度，注意循序渐进 ● 可压振数次后静止 10～15 秒，再压振再静止，交替练习
甩腰	屈膝	关注挺膝环节，可靠近辅助器具，阻挡膝关节弯曲	● 练习时可由同伴托腰保护，初练时速度不能过快，后屈程度根据自身情况而定

（二）腿部柔韧动作

1. 正压腿

动作说明：面对辅助器具（肋木或一定高度的物体，以下均同），距离一大步并步站立；一腿抬起，脚跟放在肋木上，脚尖上翘勾起，两手十指交叉扶按膝上；两腿伸直，立腰收髋，上体前屈，并向前、向下做压振动作（图 2-2-3）。练习时，左右腿交替进行。

动作要点：挺胸、直背、挺膝、坐髋，直体向前、向下压振；逐渐加大振幅，逐步提高腿的柔韧性；先以双手十指交叉按压膝部，再以双手抱住脚掌触及前额、鼻尖，达到下颌触及脚尖为最佳。

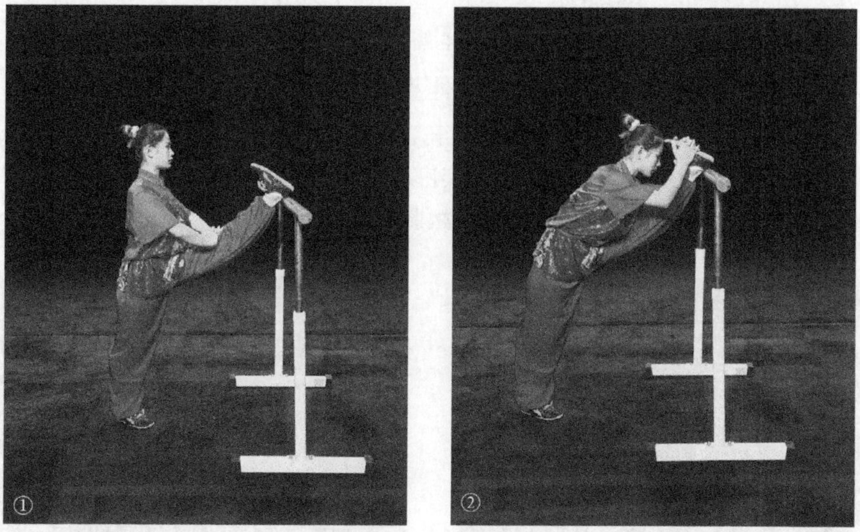

图 2-2-3　正压腿

2. 侧压腿

动作说明：身体左侧对辅助器具，距离一大步并步站立；右腿支撑，右脚内侧正对辅助器具，左腿举起，脚跟搁在肋木上，脚尖上翘勾起；右臂屈肘上举，左掌附于右胸前；两腿伸直，立腰、展髋，上体向左侧压振，可用右手碰或握左脚尖（图 2-2-4）。练习时，左右腿交替进行。

动作要点：挺胸、直背、挺膝、展髋，直体侧身向下压振；逐渐加大振幅，逐步过渡到上体侧卧在被压腿上。

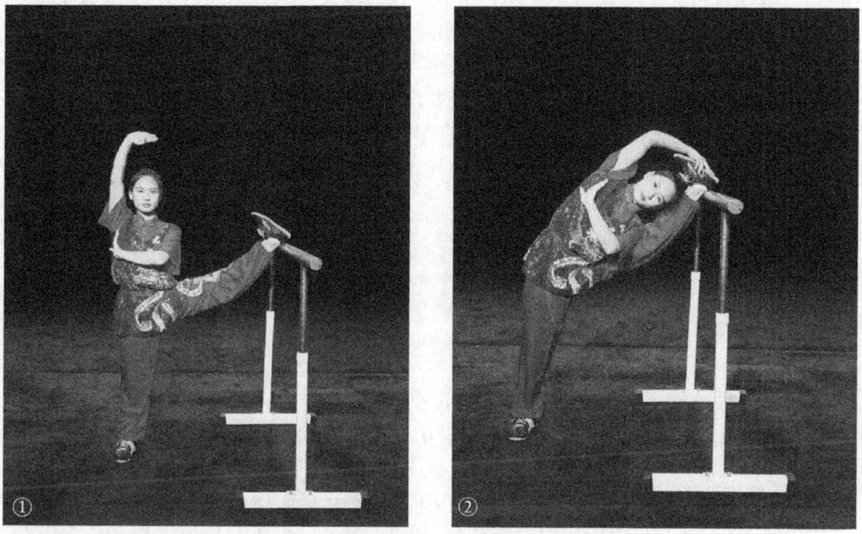

图 2-2-4　侧压腿

3. 竖叉

动作说明：两腿前后分开成直线，两膝挺直，前脚脚尖勾起，后脚脚背着地（图 2-2-5）。

动作要点：挺腰直背，沉髋，两腿须挺膝伸直。

4. 横叉

动作说明：两手在体前扶地，两腿慢慢向左右分开成直线，脚内侧着地（图 2-2-6）。

动作要点：上体正直，挺胸、立腰、沉髋；两腿须挺膝伸直。

图 2-2-5 竖叉

图 2-2-6 横叉

腿部柔韧动作易犯错误及纠正练习方法参考表 2-2-2。

表 2-2-2 腿部柔韧动作易犯错误及纠正练习方法

腿部柔韧动作	易犯错误	纠正方法	练习方法
正压腿	两腿不直	根据自身柔韧性确定合适的压腿高度，初练时搁腿不宜过高，关注挺膝环节	● 压腿前先做下肢屈伸、摆动等动作，活动肌肉和关节 ● 集体压腿可统一口令进行，初练阶段压振 10～20 次为宜，压至有疼痛感觉时可停住不动，进行耗腿练习。压腿和耗腿可交替进行 ● 压腿后可做踢腿、摆腿动作
	上体不正、未收髋	抓住收髋、正髋两个环节。先做低压腿，被压腿异侧的肩、胸部前俯，双手抱住脚掌	
侧压腿	两腿不直	根据自身柔韧性确定合适的压腿高度，初练时搁腿不宜过高，关注挺膝环节	● 压腿前先做下肢屈伸、摆动等动作，活动肌肉和关节 ● 压腿和耗腿可交替进行 ● 压腿后可做踢腿、摆腿动作
	上体前侧屈（即处于正、侧压腿之间）	支撑脚脚尖不可内扣，脚内侧正对辅助器具，以保证展髋幅度。左臂向里掖肩，右臂上举并向头后伸展	

续表

腿部柔韧动作	易犯错误	纠正方法	练习方法
竖叉	一半臀部坐在地面，身体侧倾，非竖非横	肩部正直，身体正对前腿，两手扶地慢慢往下做竖叉	● 劈叉前先做压腿、踢腿、摆腿等练习 ● 初练阶段，在身体两侧放置两个矮凳子，用手或肘扶撑做竖叉练习，注意循序渐进，根据自身情况调整两腿离地高度 ● 柔韧性较好的，可两臂侧平举做手不扶地的向下劈腿动作，也可在劈叉时，上体做前俯或后仰动作
横叉	髋关节侧转	身体正对前方，髋部保持不转动，两手扶地，两脚平开向左右两侧滑动到极限	● 劈叉前先做压腿、踢腿、摆腿等练习 ● 初练阶段，在身前放置一个矮凳，将身体俯撑在凳上，两腿左右分开，根据自身情况调整两腿离地高度 ● 柔韧性较好的，可两臂侧平举做手不扶地的横叉练习
	两腿弯曲	调整横叉到可以两腿挺直的高度，任何高度，都必须挺膝伸直	

二、平衡动作

1. 提膝平衡

动作说明：右腿伸直支撑，左腿屈膝在身前提起（过腰），脚面绷紧，垂扣于右腿前侧；右臂在头顶上方亮掌，左臂在身后，左手勾手，勾尖向上（图 2-2-7）。

动作要点：站立稳固；提膝过腰，脚内扣。

2. 燕式平衡

动作说明：左腿屈膝提起，两掌在身前交叉；然后两掌向两侧分开平举，上体前俯略高于水平，右脚向后蹬伸，脚面绷平，高于水平（图 2-2-8）。

图 2-2-7　提膝平衡

图 2-2-8　燕式平衡

动作要点：两腿伸直，后举腿高于头顶水平部位；上体前俯，略高于水平，抬头、挺胸、展腹，背肌收缩后屈。

平衡动作易犯错误及纠正练习方法参考表2-2-3。

表2-2-3 平衡动作易犯错误及纠正练习方法

平衡动作	易犯错误	纠正方法	练习方法
提膝平衡	独立支撑不稳定	摇摆时，支撑腿稍屈膝调节，脚趾抓地	● 先做提膝抱腿练习，提高髋关节的柔韧性和腿部控制能力 ● 逐渐松手，尽量保持膝不下落
	提膝腿时勾脚尖	强调屈膝、脚面绷紧	● 可做勾手亮掌提膝动作练习，目视左前方
燕式平衡	独立支撑不稳定	支撑腿微屈膝，脚趾抓地。上体前俯、两臂平开、向后举腿动作协调一致	● 先做后压腿、后摆踢腿练习，提高髋关节柔韧性 ● 双手扶辅助器具，或由同伴保护扶持做燕式平衡，逐渐松手

第三节 腿法与跳跃滚翻动作

一、腿法动作

（一）直摆性腿法

1. 正踢腿

动作说明：两脚并立，两手成立掌侧平举；右脚向前上步，左腿膝部挺直，脚尖勾起向前额快速踢起，落下后与右脚并拢（图2-3-1）。可左右交替连续踢腿，目视前方。

动作要点：头正顶平，挺胸直腰，收髋挺膝；收髋猛收腹，踢腿过腰后加速，要有寸劲。

图2-3-1 正踢腿

2. 侧踢腿

动作说明：两脚并步侧身站立，两手成立掌侧平举，目视左掌方向；右脚经左脚横迈一步，左脚脚尖勾紧向左侧快速踢起，同时右臂微屈肘上举亮掌，左臂屈肘立掌于右肩前，目视前方；左腿落下成并步，两手成立掌侧平举，目视左掌方向（图 2-3-2）。连续几次踢腿后可换另一侧进行练习。

动作要点：头正顶平，挺胸直腰，展髋挺膝；两脚保持丁字状，避免形成正踢；踢腿猛收腹，踢腿过腰后加速，要有寸劲。

图 2-3-2　侧踢腿

（二）击响性腿法

1. 单拍脚击响

动作说明：并步站立；右脚上步，左臂向前、向上摆起，右臂斜举于身后；左脚继续上步，右臂由后向前、向头上摆起，在额前上方以手背迎击左手掌；右腿向前上方踢摆，脚面绷直，右手击拍右脚面，左手在击响的同时变勾手摆至左侧，勾尖朝下；击响后右脚落下与左脚并拢，目视前方（图 2-3-3）。

动作要点：上步、摆腿、摆臂协调连贯；拍击连续、准确、响亮。

图 2-3-3　单拍脚击响

2. 里合腿击响

动作说明：两脚并立，两手成立掌侧平举；左脚向前上步，右脚脚尖勾起里扣并向右上方踢起，经面前向左上方做扇面摆动，左手掌在左侧上方迎击右脚掌，击响后右腿下摆落于左脚外侧，左手还原立掌侧平举（图 2-3-4）。可左右交替连续踢腿，目视前方。

动作要点：挺胸直腰，松髋合髋；里合幅度要大；支撑腿的脚不可移动，脚尖始终正对前方。

图 2-3-4　里合腿击响

（三）屈伸性腿法

1. 弹腿

动作说明：两腿并立，两手叉腰；左腿屈膝提起，左脚绷直，随即迅速向前踢出，力达脚尖，高与腰平，目视前方（图 2-3-5）。左右腿交替连续练习。

动作要点：挺胸、直腰、收髋；先屈再踢，弹踢迅速有力。

图 2-3-5　弹腿

2. 蹬腿

动作说明：两腿并立，两手叉腰；左腿屈膝提起，左脚尖勾起，随即迅速向前蹬出，力达脚跟，高与腰平，目视前方(图 2-3-6)。左右腿交替连续练习。

动作要点：挺胸、直腰、收髋；先屈再蹬，蹬踢力达脚跟。

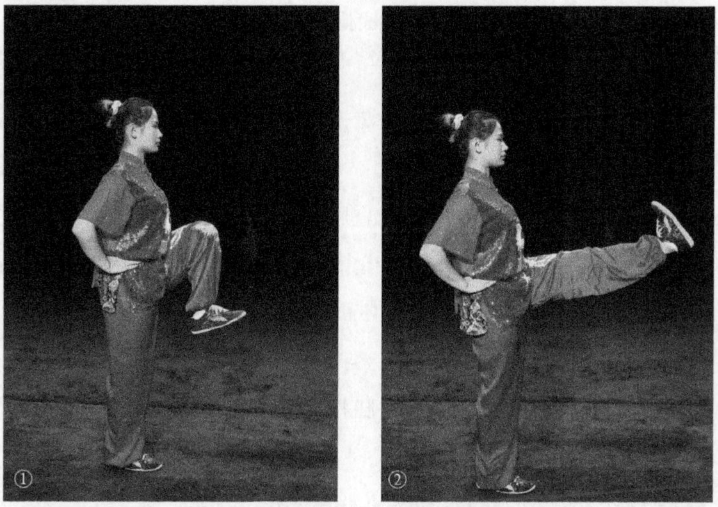

图 2-3-6　蹬腿

3. 侧踹腿

动作说明：两腿左右交叉，右腿在前稍屈膝，随即右腿伸直支撑，左腿屈膝提起，左脚里扣，脚跟用力向左侧上方踹出，上体向右侧斜倾，目视左方(图 2-3-7)。左右交替练习。

动作要点：挺膝、开髋；先屈膝再侧踹，力达脚跟。

图 2-3-7　侧踹腿

腿法动作易犯错误及纠正练习方法参考表 2-3-1。

表 2-3-1　腿法动作易犯错误及纠正练习方法

腿法动作	易犯错误	纠正方法	练习方法
正踢腿	俯身弯腰，屈膝弯腿	收下颌头上顶，强调直腰，两臂外撑以固定胸廓。可先踢低腿，并适当放慢速度	● 踢腿之前先练习压腿和摆腿 ● 先练习踢低腿，适当放慢速度，防止身体前俯、后仰，防止支撑腿弯曲、拔跟，慢慢过渡到按照规格要求完成练习 ● 可手扶辅助器具，原地踢一条腿，然后换一条腿练习 ● 可进行左右交替的行进间踢腿练习
	拔跟送髋	上步小一些，可先踢低腿，上踢时支撑腿挺膝，脚趾抓地	
	踢腿速度缓慢无力	可手扶辅助器具，一腿按照口令速度连续踢腿	
侧踢腿	俯身弯腰，屈膝弯腿	收下颌头上顶，强调直腰，可先踢低腿，并适当放慢速度	● 踢腿之前先练习压腿和摆腿 ● 先练习踢低腿，适当放慢速度，防止身体前俯、后仰，防止支撑腿弯曲、拔跟，慢慢过渡到按照规格要求完成练习 ● 可手扶辅助器具，原地踢一条腿，然后换一条腿练习 ● 可进行左右交替的行进间踢腿练习
	侧身不够	支撑腿脚尖外展，上体正直，强调摆动腿向耳侧踢	
	踢腿速度缓慢无力	可手扶辅助器具，一腿按照口令速度连续踢腿	
单拍脚击响	俯身弯腰，屈膝弯腿	强调上体正直，可调整拍击高度，先踢低腿，并适当放慢速度	● 先做原地拍脚练习，再做上步拍脚的完整动作练习
	击拍不响	多做原地单拍练习，强调脚面绷直	
里合腿击响	俯身弯腰，屈膝弯腿	强调上体正直，可调整拍击高度，先踢低腿，并适当放慢速度	● 先做里合腿练习，逐步过渡到里合腿击响 ● 按口令要求的速度摆动，左右交替练习 ● 进行仆步压腿、横叉、抱膝收髋展髋练习，增加髋关节柔韧性和灵活性
	拔跟送髋	上步小一些，可先踢低腿，上踢时支撑腿挺膝，脚趾抓地	
	里合幅度不够	先踢低腿，强调加大里合幅度。设置障碍物，使里合腿越过适当高度的障碍物，体会先踢起后里合的动作要领	
弹腿	屈伸不明显，类似踢摆动作	强调收髋，先屈膝再弹出	● 先弹低腿，逐渐增加高度 ● 结合手法练习，如弹腿冲拳，可做行进间左右交替练习
	力点不明显	强调脚面绷直，猛力挺膝	
蹬腿	屈伸不明显，类似踢摆动作	强调收髋，先屈膝再蹬出	● 先蹬低腿，逐渐增加高度 ● 结合手法练习，如蹬腿推掌，可做行进间左右交替练习
	力点不明显	强调脚尖勾紧，猛力挺膝	
侧踹腿	屈伸不明显，类似踢摆动作	强调先屈膝再踹出	● 先做侧压腿、侧摆腿等练习，再做侧踹腿，也可先踹低腿 ● 手扶辅助器具做侧踹练习，体会上体侧倒动作的要领
	脚尖朝上，成侧蹬腿	强调侧踹腿内旋后再踹出	
	收髋凸臀成三角状	多做仆步压腿、侧压腿和横叉等练习	

二、跳跃滚翻动作

1. 腾空飞脚

动作说明：并步站立；右脚上步，左脚脚跟离地掀起，左臂向前、向上摆起，右臂斜举于身后；左腿由后向前、向上摆起，右脚蹬地跃起，身体腾空；右臂同时由后向前、向头上摆起，在额前上方以手背迎击左手掌。在空中时，右腿向前上方直腿上摆，脚面绷直，右手击拍右脚面；同时左腿屈膝收控，脚面绷直，脚尖朝下；左手在击响的同时变勾手摆至左侧，勾尖朝下，上体微前倾，目视前方；左脚先落地，右脚随之在身前落地(图 2-3-8)。

动作要点：摆腿、蹬地、摆臂协调连贯；右腿空中摆踢过肩，左腿屈膝收控不放松；在腾空最高点完成击拍脚面动作，拍击连续、准确、响亮。

图 2-3-8　腾空飞脚

2. 旋风脚

动作说明：侧身并步推掌，目视左掌方向；左脚向左上步，右脚随即上步，脚尖内扣，准备蹬地踏跳；左臂屈肘收至右胸前，随即两臂从右向下、向左向上绕环抡起，上体趁势拧腰向左上翻；上动未停，左腿提起随抡臂动作向左、向上摆动，右腿屈膝蹬地跳起，身体腾空；身体旋转一周，右腿做里合腿，左手在面前迎击右脚掌，左腿自然屈膝(图 2-3-9)。

动作要点：右腿里合要贴近身体，由外向里成扇形，高度不低于肩；上下肢动作要协调一致，身体旋转不少于 360°。

3. 前滚翻

动作说明：蹲撑，两腿蹬地，同时屈膝、曲臂、低头、提臀，团身向前滚翻，头的后部、肩、背、腰、臀部依次着地，当滚至背部着地时，迅速收腹屈膝，上体与膝部靠紧，两手抱小腿，向前滚动成蹲立(图 2-3-10)。

动作要点：低头含胸提臀，肩、背、腰、臀部依次着地。

图 2-3-9　旋风脚

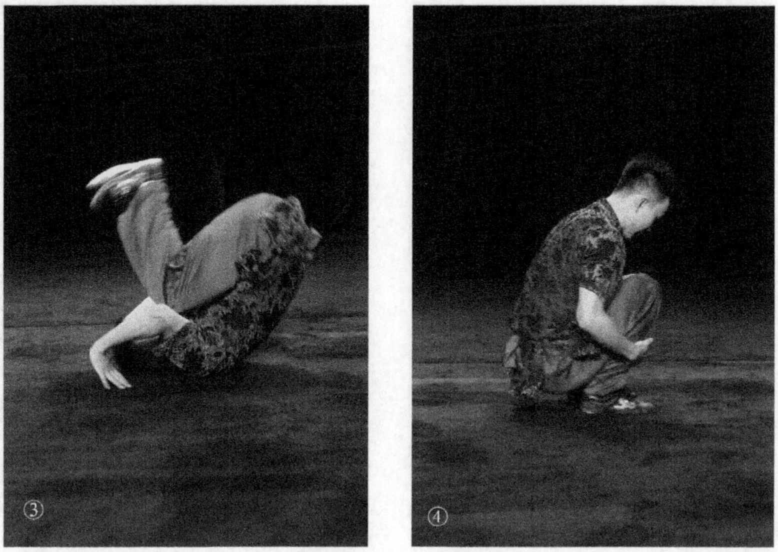

图 2-3-10　前滚翻

4. 抢背

动作说明:右脚在前,左脚在后,两脚交错站立;左脚从后向上摆起,右脚蹬地跳起,右臂向左腋下收插,以右肩的肩胛骨着地,团身向前滚翻,两腿屈膝(图 2-3-11)。

动作要点:肩、背、腰、臀要依次着地;翻滚要圆,立起要快。

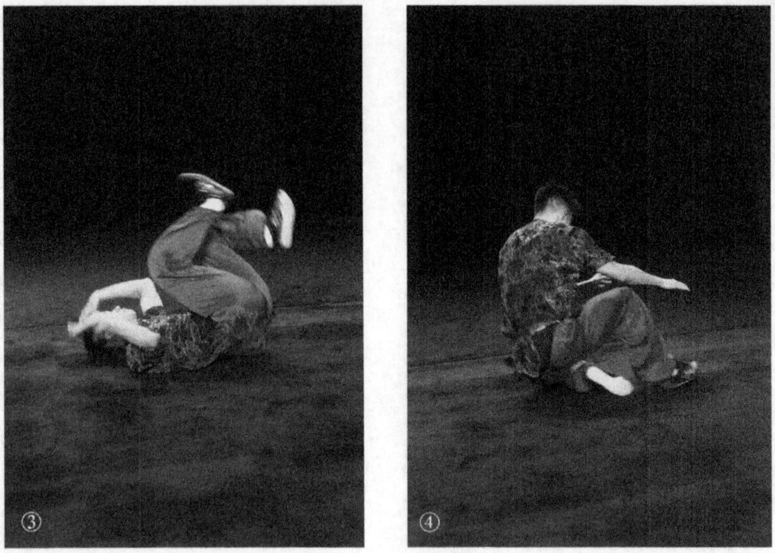

图 2-3-11 抢背

5. 鲤鱼打挺

动作说明：仰卧、屈体，以背着地，两腿伸向头部，膝部靠近前额，两手扶按两膝；两腿下打，两手同时推腿，挺腹，振摆而起（图 2-3-12）。

动作要点：身体必须呈半圆环形，两脚分开不超过两肩宽；打腿振摆快速。

图 2-3-12 鲤鱼打挺

跳跃滚翻动作易犯错误及其纠正训练方法参考表 2-3-2。

表 2-3-2　跳跃滚翻动作易犯错误及纠正练习方法

动作名称	易犯错误	纠正方法	练习方法
腾空飞脚	右腿蹬伸与左腿摆踢脱节，动作不协调	多做原地或行进间的右脚蹬、左腿摆、踢摆右腿的二起脚练习	● 先做原地或行进间拍脚练习 ● 然后做原地或行进间的右脚蹬、左腿摆、踢摆右腿的二起脚练习 ● 再做右腿蹬地起跳，左腿屈膝摆起，同时两手相击的踏跳练习 ● 上一步或加多步助跑的完整动作练习
	起跳后，上体过于前俯、坐臀，造成右腿摆踢不高，重心下坠	多做单拍练习，强调上体正直。也可先降低腾空高度，掌握正确动作后，逐步加大腾空高度	
旋风脚	上下脱节，转体角度不够，动作不协调	多做转体 360°的屈膝翻身跳练习和转身左外摆右里合的腿法练习	● 可进行原地或行进间里合腿加转体 90°的练习 ● 进行原地或行进间左腿外摆、右腿里合的转体击响练习 ● 做抡臂旋转 360°的翻身跳练习
	跳起后上体后仰	强调上体直立、头部上顶的能力	
前滚翻	低头不够	引导学生眼睛看自己的腹部或者腿部，或下巴处夹放纸片，使低头充分，头后部着地	● 首先学习掌握仰卧前后滚动的动作，再练习团身滚翻动作 ● 在垫子上标点画线，引导学生准确找到手掌和头后着地的位置 ● 利用垫子高度差进行练习 ● 老师蹲在学生一侧，一手扶其后背颈处，另一手握其小腿，帮助学生完成滚翻练习，当学生向前滚翻时，一手按颈背，一手帮助蹬地，完成滚翻动作
	团身不够	多练习仰卧前后滚动的动作，强调抱膝，也可借助辅助器材强化团身概念	
	滚动时分腿、分脚	可在两膝、双脚间夹放辅助器材(沙包、纸片等)进行练习	
抢背	团身不够，翻滚不圆	收下颌，使下颌挨近胸锁部位，强调含胸、收腹、团身	● 做前滚翻，体会收下颌、含胸、收腹把身体团紧的要领 ● 先做以右手扶地的抢背，再做腾空跃起的抢背动作
	着地顺序不对，形成侧身滚动的错误	强调右臂插向左腋下，翻滚时先以右肩着地，接着再以背、腰、臀依次着地	
鲤鱼打挺	打腿、挺腹不及时，完不成动作	教师用击掌或语言为信号，提示练习者及时打腿、挺腹	● 在教师或者同伴的保护和帮助下，体会动作要领。帮助方法：站在练习者侧面，当其仰卧两腿后伸时，将一只手贴于对方的肩胛部位；在练习者打腿、挺腹时，乘势向上托起，帮助练习者加大振摆，完成动作 ● 先做两手在两耳侧推地的振摆打挺，然后再逐步做到脱手的振摆打挺
	打腿速度慢、挺腹不够造成完不成动作	强调打腿快速，教师也可用一只手贴在练习者后腰部，帮助做好挺腹动作	

【武术谚语】 教不严，拳必歪；学不专，拳必滥。

释义：教学不严格，拳架就会走样；学习不专一，拳艺就会低下。该谚语强调的是武术传承中教与学的注意事项。教要严，学要专。“严师出高徒”，武术技术需要在老师的正确示范下，加以学生刻苦练习才能掌握。所以若老师教授不严格，对于要领、细节、规格等不严加传授，学生拳架就会出现失真、走样。

课后思考

1. 设计一些关于手型练习的趣味游戏。
2. 列举武术套路步型练习的方法手段。
3. 如何发展学生肩关节的柔韧性与协调性？
4. 谈谈怎样加强虚步的稳定性？
5. 请说出腾空飞脚的教学步骤。

第三章

小学武术套路

章前导言

本章以《体育与健身》中3～5年级的武术教学内容为主，辅以武术基本组合动作的拓展内容。基本组合动作主要包括手法组合动作、步型组合动作、肩臂组合动作、腿法组合动作四类，通过组合学习可以巩固学生对武术基本动作的技能掌握及其协调连贯能力。小学武术套路为五步拳，根据五步拳的动作结构，明确套路动作技术特征及要点，为学生掌握小学武术套路运动技能及教学方法、设计提供参考。

学习目标

• 掌握基本组合动作技能及要点，明确动作规律，能够根据小学生的身心特征进行武术基本动作组合的设计能力。

• 熟练掌握五步拳整套技术动作及其要点，具备小学武术套路教学示范能力；能够选用适当的教学方法提升学生的习武兴趣，增强学生的意志品质，改进和提高学生的武术动作技能。

第一节　基本组合动作

一、手法组合动作

（一）拳掌组合

动作说明：两脚开立，两手握拳快速抱于两侧腰间，肘尖向后，拳心向上，同时快速摆头，目视左前方；随即两拳变掌下按于身体两侧，头部还原，目视前方(图 3-1-1)。左右交替进行。

动作要点：挺胸、收腹、直腰；抱拳和摆头快速一致。

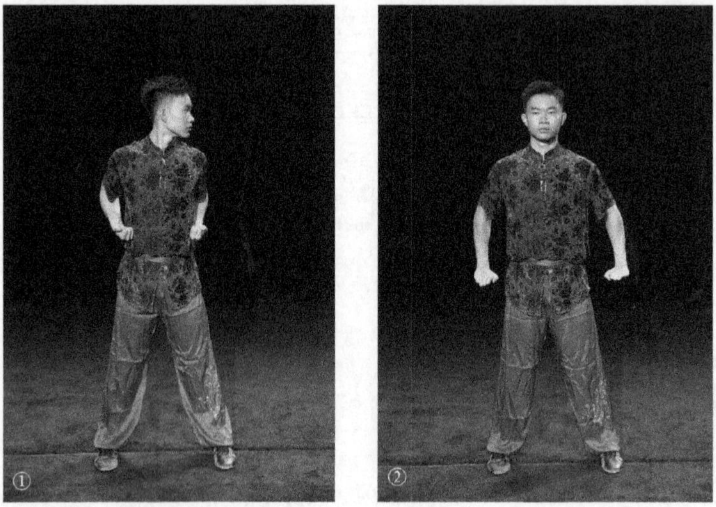

图 3-1-1　拳掌组合

(二) 冲拳组合

动作说明：并步抱拳，左脚侧开一步左冲拳；随即原地依次做右、左冲拳两次；再做右冲拳一次；然后并步抱拳，目视前方(图 3-1-2)。左右交替反复进行。

动作要点：挺胸、收腹、直腰，肩部松沉；拧腰、顺肩、旋前臂连贯顺达；出拳快速有力，要有寸劲。

图 3-1-2　冲拳组合

（三）掌勾组合

动作说明：并步抱拳，左脚侧开一步左推掌；随即左掌变勾向后勾起，勾尖朝上，目视勾手方向；接着再向前左推掌；随即并步抱拳，目视前方（图 3-1-3）。左右交替反复进行。

动作要点：挺胸、收腹、直腰，肩部松沉；出掌快速有力，要有寸劲；勾手、转头协调一致。

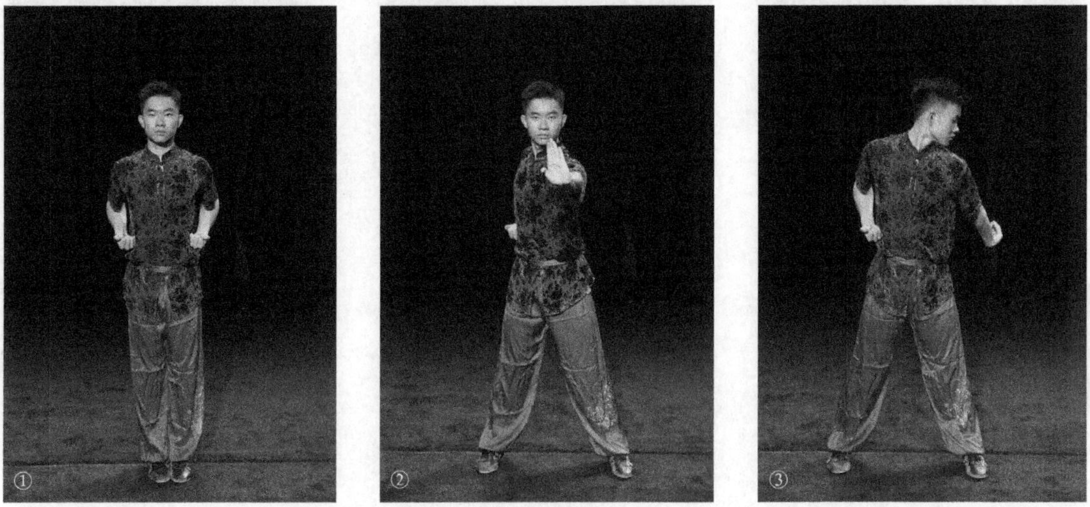

图 3-1-3　掌勾组合

手法组合动作易犯错误及纠正练习方法参考表 3-1-1。

表 3-1-1　手法组合动作易犯错误及纠正练习方法

手法组合动作	易犯错误	纠正方法	练习方法
拳掌组合	抱拳肘尖外展	强调夹肘使肘尖向后，挺胸展肩	● 初练时速度不宜过快，可以口令或者击掌进行左右交替反复练习
	抱拳摆头不一致	先降低速度，动作协调后再加速	
冲拳组合	连续冲拳造成冲拳不规范	由慢及快，循序渐进	● 初练时速度不宜过快，可以口令或者击掌进行左右交替反复练习 ● 可配合“哈、哈”发声进行练习，促进发力，提高练习热情
掌勾组合	勾手直臂后摆，腕部动作不清晰	强调指尖捏紧，屈腕加速	● 初练时速度不宜过快，可以口令或者击掌进行左右交替反复练习

二、步型组合动作

（一）马步—弓步

动作说明：并步抱拳，左脚侧开成马步，左拳向前冲出；随即原地依次做右、左冲拳两次；再做左弓步右冲拳一次；然后并步抱拳，目视前方（图 3-1-4）。左右交替反复进行。

动作要点：冲拳拧腰顺肩，快速有力，要有寸劲；马步转换弓步蹬腿转髋。

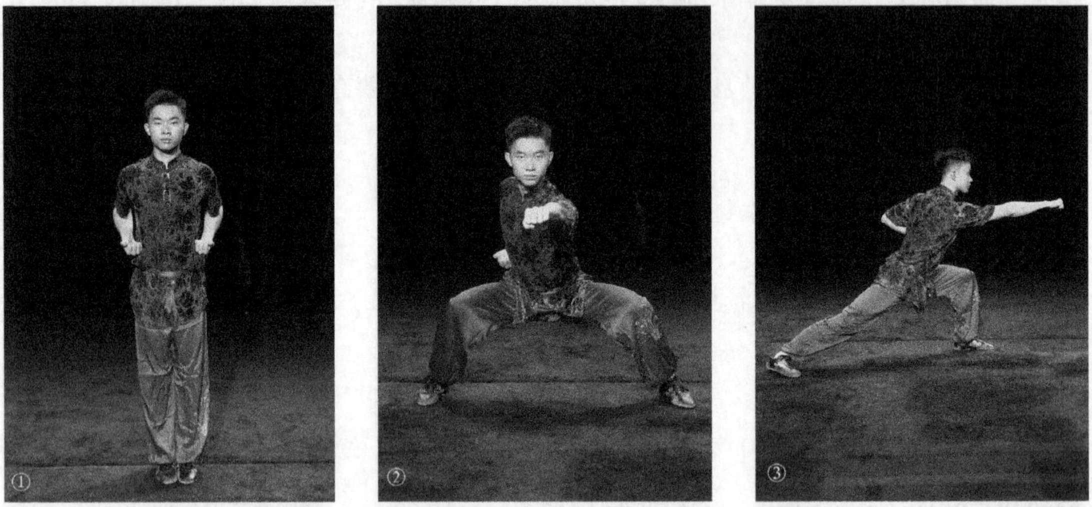

图 3-1-4 马步—弓步

（二）马步—提膝

动作说明：并步抱拳，左脚侧开成马步，左掌前推；随后左腿屈膝上提，同时左掌变勾向后勾起，勾尖朝上，目视勾手方向；左脚落步成马步，同时左掌前推；随后并步抱拳，目视前方（图 3-1-5）。左右交替反复进行。

动作要点：推掌快速有力，要有寸劲；提膝、勾手、转头协调一致。

步型组合动作易犯错误及纠正练习方法参考表 3-1-2。

图 3-1-5 马步—提膝

表 3-1-2　步型组合动作易犯错误及纠正练习方法

步型组合动作	易犯错误	纠正方法	练习方法
马步—弓步	弓步后脚拔跟	后脚脚尖内扣，挺膝	● 行进间练习，体会步型转换方法，提高动作质量 ● 原地练习，可左右势反复交换练习，逐渐增加数量，提高腿部力量
	马步脚尖外展，凸腰	脚尖向前，扣膝、挺胸塌腰	
	弓、马步重心起伏	移动转换时保持重心平稳，可在头部上方设置标杆辅助练习	
马步—提膝	站立起身提膝脱节，提膝不稳	由慢及快，循序渐进	● 初练时速度不宜过快，可以口令或者击掌进行左右交替反复练习，逐渐增加数量

三、肩臂组合动作

(一) 仆步抡拍

动作说明：并步抱拳，左脚向左跨一步成左弓步，上体随之左转，同时右臂向左前下方伸出，两拳变掌，左掌手心向里，掌指向下，附于右臂肘关节处；上动不停，上体右转成右弓步，同时右臂直臂向左、向上、向右抡臂划弧至右上方，左掌下落至左下方；上动不停，上体右后转，同时右臂直臂向下、向后抡臂划弧至后下方，左臂直臂向上、向前抡臂划弧至前上方；上动不停，上体左转成右仆步，同时右臂直臂向上、向右、向下抡臂划弧至右腿内侧拍地，左臂向下、向左抡臂划弧停于左上方(图 3-1-6)。左右交替进行。

动作要点：松肩活腰，两臂在身体前后划立圆。

(二) 仆步穿掌

动作说明：并步抱拳，右脚向右侧开一大步，同时左拳变掌经头上向右下盖，掌外沿向前，目视左手，随后右拳变掌，手心向上，由左手背上方穿出，左手顺势收至右腋下，目视右手；上动不停，拧腰左转下蹲成左仆步，左手掌指朝前沿左腿内侧穿出；目视左掌(图 3-1-7)。练习时，左右交替进行。

动作要点：盖掌、穿掌动作清晰；仆步要拧腰转头，穿掌动作须协调一致。

图 3-1-6 仆步抡拍

图 3-1-7 仆步穿掌

肩臂组合动作易犯错误及纠正练习方法参考表 3-1-3。

表 3-1-3　肩臂组合动作易犯错误及纠正练习方法

肩臂组合动作	易犯错误	纠正方法	练习方法
仆步抡拍	臂曲，肩紧，腰僵，绕环不立圆	腰部随肩臂绕环、步型转换动作协调转动，绕环时保持手臂伸直，向上贴耳，向下贴近腿	● 先学练上肢抡臂动作，再学练下肢步型转换，最后完整练习 ● 左右仆步抡拍交替练习，速度由慢及快，逐渐增加数量
仆步穿掌	屈蹲腿无法全蹲，脚跟提起	强调平仆腿一侧用力沉髋、拧腰，多做仆步压腿练习	● 先学练上肢动作，再学练下肢仆步移动转换，最后完整练习 ● 设施障碍物进行辅助练习，如钻绳
	穿掌仆步不协调	两手抓握两脚外侧左右移动重心，然后两手松开，左仆步和穿掌的配合练习	

四、腿法组合动作

（一）弓步冲拳—弹腿冲拳—马步冲拳

动作说明：并步抱拳，左脚向左迈步成左弓步，身体左转，同时右拳前冲成平拳，目视前方；重心前移，右腿向前弹踢，同时左拳由腰间前冲成平拳，右拳收回腰间，目视前方；右脚落地向左转体 90°，两腿下蹲成马步，同时左拳收抱腰间，右拳由腰间前冲成平拳；目视右前方（图 3-1-8）。练习时，左右交替进行。

动作要点：蹲起上下协调，步型平稳规范，弹腿与腰平。

图 3-1-8　弓步冲拳—弹腿冲拳—马步冲拳

（二）弓步双冲拳—抱拳蹬腿—跪步双推掌

动作说明：并步抱拳，左脚向左迈步成左弓步，同时双拳向前冲拳成平拳；重心前移，右腿向前蹬踢，同时双拳收回腰间；右脚后落屈膝下蹲成跪步，同时双拳变掌从腰间向前推出，目视前方（图 3-1-9）。左右交替进行。

动作要点：蹲起上下协调，步型平稳规范，蹬腿与腰平。

图 3-1-9　弓步双冲拳—抱拳蹬腿—跪步双推掌

腿法组合动作易犯错误及纠正练习方法参考表 3-1-4。

表 3-1-4　腿法组合动作易犯错误及纠正练习方法

腿法组合动作	易犯错误	纠正方法	练习方法
弓步冲拳—弹腿冲拳—马步冲拳	弓步后脚拔跟	后脚脚尖内扣，挺膝	● 先做冲拳、弹腿等单个动作练习，再结合步型、手法进行练习 ● 左右势反复练习，逐渐增加数量
	马步脚尖外展，凸腰	脚尖向前，扣膝，挺胸塌腰	
	弹腿屈伸不明显	强调收髋，先屈膝再弹出	
弓步双冲拳—抱拳蹬腿—跪步双推掌	弓步后脚拔跟	后脚脚尖内扣，挺膝	● 先做双冲拳、双推掌等单个动作练习，再结合步型、腿法进行练习 ● 左右势反复练习，逐渐增加数量
	蹬腿屈伸不明显	强调收髋，先屈膝再弹出	

第二节　五　步　拳

一、动作介绍

五步拳为长拳类基础套路之一。该套路由武术中最基本的弓、马、仆、虚、歇五种步型和拳、掌、勾三种手型，以及冲拳、按掌、穿掌、挑掌、架掌、盖掌等手法构成，共包含 9 个动作。五步拳套路的风格特点为功架整齐、撑拔舒展、上下起伏、动静有致。

五步拳

(一) 动作名称

1. 并步抱拳	2. 弓步冲拳	3. 弹腿冲拳	4. 马步架打
5. 歇步盖打	6. 提膝穿掌	7. 仆步穿掌	8. 虚步挑掌
9. 并步抱拳			

(二) 动作说明与要点

1. 并步抱拳

动作说明:并步站立,两手握拳抱于腰间,同时向左摆头,目视左前方(图 3-2-1)。

动作要点:抱拳与摆头快速一致。

2. 弓步冲拳

动作说明:左脚向左迈步成左弓步,同时左手向左平搂并收回腰间抱拳,右拳向前冲拳成平拳,目视前方(图 3-2-2)。

动作要点:先开步搂手再弓步冲拳,弓步和冲拳协调一致。

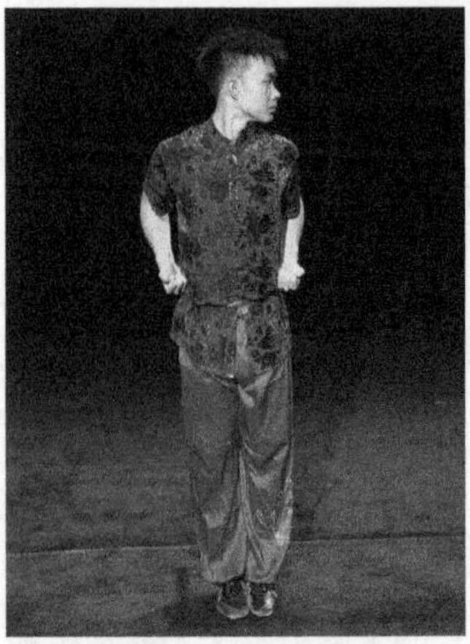

图 3-2-1　并步抱拳

图 3-2-2　弓步冲拳

3. 弹腿冲拳

动作说明:重心前移,右腿向前弹踢;同时左拳由腰间向前冲拳成平拳,右拳收回腰间;目视前方(图 3-2-3)。

动作要点:弹腿与腰平,左腿蹬起和弹腿冲拳协调一致。

4. 马步架打

动作说明:右脚落地向左转体 90°,两腿下蹲成马步;同时左拳变掌,屈臂上架,右拳由腰间前冲成平拳;目视右前方(图 3-2-4)。

动作要点:右脚落马步要扣脚,左掌上架和右手冲拳协调一致。

图 3-2-3　弹腿冲拳

图 3-2-4　马步架打

5. 歇步盖打

动作说明：身体左转 90°，左脚向右脚后插一步，同时右拳变掌经头上向左下盖，掌外沿向前，左掌收回腰间抱拳，目视右掌；上动不停，两腿屈膝下蹲成歇步，同时左拳向前冲出成平拳，右掌变拳收回腰间，目视左拳（图 3-2-5）。

动作要点：插步不要过大，下蹲和冲拳协调一致。

图 3-2-5　歇步盖打

6. 提膝穿掌

动作说明：身体左转，右腿挺膝右立，左腿屈膝提起，同时右拳变掌，手心向上，由左手背向前上方穿出；左拳变掌，掌心向下收至右腋下；目视右掌（图 3-2-6）。

动作要点：提膝内扣不外展，穿掌与提膝协调一致。

7. 仆步穿掌

动作说明：右腿屈膝全蹲，左脚向左落地成仆步，左手掌指朝前沿左腿内侧穿出；目视左掌（图 3-2-7）。

动作要点：落步大小决定仆步规范，落步与穿掌协调一致。

图 3-2-6　提膝穿掌

图 3-2-7　仆步穿掌

8. 虚步挑掌

动作说明：左腿屈膝前弓，右脚蹬地向前上步成右虚步；同时左手向上、向后划弧成正勾手，略高于肩，右手由后向下、向前顺右腿外侧向上挑掌，掌指向上，高度与肩齐平；目视右掌（图 3-2-8）。

动作要点：虚实分明，挑掌勾手与虚步协调一致。

9. 并步抱拳

动作说明：左脚向右脚靠拢成并步，两手抱拳于腰间，目视前方（图 3-2-9）。

动作要点：抱拳与并步快速一致。

图 3-2-8　虚步挑掌

图 3-2-9　并步抱拳

二、易犯错误与纠正方法

五步拳易犯错误及练习方法参考表 3-2-1。

表 3-2-1　五步拳易犯错误及练习方法

易犯错误	练习方法
无法做到手、眼、身、步法协调一致	● 先做分解动作，按要点进行反复练习 ● 进行组合练习，强调眼随手、身随步、步随势换，逐渐做到手、眼、身、步法协调一致

三、教学建议与学练指导

（一）教学建议

1. 教学设计趣味化

武术套路基本功和基本动作较多，而小学生的注意力持续时间较短，肌肉容易疲劳、耐受性低，单一的学练容易造成学生的疲劳与倦怠，因此教师要注意教学内容的设计与教学方法的运用，可采用趣味性、情境化等多种形式开展教学，让学生在教师的带领下自然融入学习活动的过程，喜欢武术，更喜欢武术课，从而提升主动参与意识。

2. 善用辅助式手段

小学生对于事物的感知较为笼统，往往只注意表面现象和个别特征，时空知觉尚不完善，因此教师在教学过程中，一是注意培养学生的观察力，二是采用辅助性器材或现代化教育技术让学生对武术套路动作建立表象认识，进而建立肌肉感觉与记忆。如冲拳可以采用击球的方式进行教学，然后按照动作要点循序渐进引入，先要求学生击打准确，再强调拳面为击打面，进而提出动作路线的要求等。

3. 强调“精、气、神”

气质品格的培养在小学阶段尤为重要，教师在武术教学与练习过程中，要贯穿精、气、神的要求，如演练武术套路动作时的眼神、身体姿势、精神面貌，以及意志力的锤炼。

4. 注意安全与保护

小学生的注意力容易分散，骨骼也正处于生长发育阶段，自我保护能力不强，容易造成损伤，因此武术课堂教学过程中教师要随时观察，注意做好安全与必要的保护措施，避免伤害事故的发生。

（二）学练指导

小学生的关节柔韧性相对于肌肉力量较好，因此可在柔韧性的基础上增加一些动力性的肌肉力量练习方法，如左右仆步转换练习、左右歇步转换练习等。虚步对单腿力量支撑要求较高，可以采用单腿跳—提膝平衡—单腿半蹲的形式，循序渐进地练习。

小学生的协调性尚不完善，因此学练过程中可以先分解练习，等动作熟练以后，再强调上下肢动作之间的配合，如弹腿冲拳与马步架打等。同时，也可以采用一些提升协调性的练习或游戏加强小学生的协调能力，如用口令或信号让学生做改变动作的练习，或运用灵敏圈等进行辅助练习。

教师可以布置一些静力性的或者特定动作的练习，让学生能够自己体会这些动作。如照镜子原地冲拳，每次 10 次×3 组；单腿或提膝独立计时，看看自己独立支撑的时间；马步开合跳完成的数量；以及前后绕环等动作。总之，每次的课后作业既有一定的技术巩固延续性，也要有不同的形式变换，以保持小学生的练习兴趣。

少年拳（第一套）

【武术谚语】 步稳如磐石，根固敌难摧。

释义：磐石是指厚而大的石头。这句谚语强调的是步法与下盘稳固的重要性，意思是步法、步型应沉稳如磐石才不易被对手击倒。因为步法在武术的攻防技击中发挥着重要的作用，因此有“教拳不教步，教步打师父”的说法。只有步法沉稳，进退闪躲才能灵活自如。

课后思考

1. 歇步盖打时歇步不稳定如何纠正？
2. 仆步穿掌接虚步挑掌的教学难点是什么？如何解决？
3. 学生在学习五步拳的过程中，最常见的易犯错误有哪些？请举例说明。
4. 请设计一个关于五步拳的趣味游戏。

第四章

初中武术套路

章前导言

初中武术套路是《体育与健身》中7～9年级的武术教学内容，主要包括十步拳、少年连环拳和短棍三个部分。十步拳、少年连环拳均属于长拳类套路，短棍属于传统套路的一种。根据十步拳、少年连环拳、短棍套路的风格特点，本章对每一套路动作技术的结构特征进行了解析，明确套路动作技术要点、易犯错误与纠正方法，相关教学建议与学练指导，为学生掌握初中武术套路运动技能及教学方法、设计提供参考。

学习目标

• 了解十步拳、少年连环拳和短棍套路的风格特点，掌握初中武术套路技术动作及其要点，具备初中武术套路教学示范能力。

• 熟练掌握十步拳、少年连环拳和短棍技术动作的教学要点，理解套路技术动作的易犯错误，能够运用适当的练习方法改进和提高学生的套路技术动作，具备一定的武术教学指导和训练能力。

• 能够根据初中生身心特点进行武术套路教学设计，具备进行教学反思的意识和能力。通过学习武术谚语，培养自觉拓展武术套路知识与武德修养等相关理论学习的能力，充分认识武术的育人价值，具备以武育人的意识。

第一节　十　步　拳

一、动作介绍

十步拳

十步拳是7年级的武术教学内容。十步拳是以五步拳为基础，增加若干长拳典型动作而拓展的基础套路。整套套路包含起、收势，共由 18 个动作组成，其风格特点是势正招圆、快速有力、步随势变、目随势注。

（一）动作名称

1.预备式			
2.退步切掌	3.直立分掌	4.虚步亮掌	5.提膝劈掌
6.并步对拳	7.马步格拳	8.弓步冲拳	9.弹腿冲拳
10.马步架打	11.歇步冲拳	12.提膝穿掌	13.仆步穿掌
14.虚步挑掌	15.仆步抡拍	16.抡臂砸拳	17.弓步亮掌
18.收势			

（二）动作说明与要点

1. 预备式

动作说明：两脚并步站立，两臂垂于身体两侧，五指并拢，贴靠腿外侧，目视前方（图 4-1-1）。

动作要点：头要端正，颚微收，挺胸、塌腰、收腹。

2. 退步切掌

动作说明：右脚后退成左弓步，同时右手向右侧前方切掌，左拳收抱于腰间，目视右掌前方（图 4-1-2）。

动作要点：切掌力点要达于掌外沿（小指侧），弓步要保持稳定。

图 4-1-1　预备式

图 4-1-2　退步切掌

3. 直立分掌

动作说明：右掌向左划弧至左前方的同时，左拳变掌，掌心朝上从右掌上方前穿；右掌回收至腋下后，继续经体前向右后下方、上方分掌，掌心向上，同时左脚并向右脚，目视右掌

（图 4-1-3）。

动作要点：穿掌、并步、分掌三个动作要连贯协调。

图 4-1-3　直立分掌

4. 虚步亮掌

动作说明：右脚微外展，右腿屈膝下蹲，左脚向前脚尖点地，成左虚步；同时左臂内旋向左后划弧成勾手，勾尖向上；右臂向右上方划弧，抖腕亮掌于头前上方，掌指向左，目视左前方（图 4-1-4）。

动作要点：挺胸、塌腰，重心落于右腿。

5. 提膝劈掌

动作说明：右腿蹬直，左腿提膝；同时左勾手变掌经左肋前伸，右臂外旋向前下劈掌，两掌与肩同高，掌心向上（图 4-1-5）。

动作要点：劈掌、前伸、提膝三个动作要同时完成。

图 4-1-4　虚步亮掌

图 4-1-5　提膝劈掌

6. 并步对拳

动作说明：左脚向前落步，两臂下垂后摆；右脚向前上一步，两臂继续向外、向上摆动；左脚向右脚并步，两掌变拳经胸前屈肘下落于小腹前，两拳拳面相对，目视左前方(图 4-1-6)。

动作要点：对拳、并步、转头要同时完成。

图 4-1-6　并步对拳

7. 马步格拳

动作说明：左脚向左侧迈步成马步；同时左拳向左格挡，拳心向内；右拳收至腰侧，拳心向上，目视左拳(图 4-1-7)。

动作要点：格挡要快速有力，马步大腿要成水平。

8. 弓步冲拳

动作说明：左脚尖微外展，右腿蹬直成左弓步；左拳收至腰侧，拳心向上，右拳向前冲出，高与肩平，拳心向下，目视右拳(图 4-1-8)。

动作要点：成弓步时，右腿充分蹬直，脚跟不要离地；冲拳时转腰顺肩。

图 4-1-7　马步格拳

图 4-1-8　弓步冲拳

9. 弹腿冲拳

动作说明：重心前移至左腿，右腿屈膝向前弹踢；同时左拳向前冲出成平拳，右拳收回腰间，目视前方(图 4-1-9)。

动作要点：弹腿力达脚尖。

10. 马步架打

动作说明：右脚内扣落地，身体左转 90°，两腿下蹲成马步；同时左拳变掌屈臂上架，右拳从腰间向右冲出成平拳，目视右前方(图 4-1-10)。

动作要点：马步两脚跟外蹬，挺胸、塌腰，上架手臂要舒展。

图 4-1-9　弹腿冲拳

图 4-1-10　马步架打

11. 歇步冲拳

动作说明：左脚向右脚后侧插步，同时右拳变掌经头上方向左下盖掌，掌外沿向前，身体左转 90°，左掌变拳收回腰间；然后两腿屈膝下蹲成歇步，同时左拳向前冲出成平拳，右掌变拳收回腰间，目视左拳(图 4-1-11)。

动作要点：插步与盖掌要协调一致，冲拳有力，歇步时两腿靠拢贴紧。

图 4-1-11　歇步冲拳

12. 提膝穿掌

动作说明：两腿起立，身体左转；随即左拳变掌手心向下，右拳变掌手心向上，由左手背上穿出；同时左腿提膝，左手顺势收至右腋下，目视右掌（图 4-1-12）。

动作要点：右腿蹬转有力，提膝过腰，上体保持正直。

13. 仆步穿掌

动作说明：左脚向左侧落地成仆步，左手掌指朝前沿左腿内侧向前穿出，右臂落于右后侧上方，两掌成立掌，目视左掌（图 4-1-13）。

动作要点：平仆脚脚尖内扣、全脚着地，挺胸、塌腰、沉髋，目随穿掌转视。

图 4-1-12 提膝穿掌

图 4-1-13 仆步穿掌

14. 虚步挑掌

动作说明：左腿屈膝前弓，右脚蹬地向前，上步成右虚步；同时左手向上、向后划弧成正勾手，略高于肩；右手由后向下、向前顺右腿外侧向上挑掌，掌指向上，高与肩平，目视右掌前方（图 4-1-14）。

动作要点：上步要快，虚步要稳，虚步、挑掌、勾手要同时完成。

图 4-1-14 虚步挑掌

15. 仆步抡拍

动作说明：身体左转，右脚尖内扣，重心移至左腿；同时，右臂向下、向前划弧，左臂向下、向后划弧。身体右转，右臂继续由左向上、向右、向后抡臂划弧，左臂向左、向上、向前抡臂划弧。重心左移，左腿屈膝下蹲成右仆步；同时右臂继续向上、向右、向下抡臂划弧至右腿内侧拍地，左臂向下、向左抡臂划弧停于左上方，左掌拇指一侧朝上，目视右掌（图 4-1-15）。

动作要点：两臂抡臂划立圆，活腰顺肩，速度要快。成仆步时，沉髋、塌腰。

图 4-1-15 仆步抡拍

16. 抡臂砸拳

动作说明：身体右转，重心移至右腿，右掌变拳收回腰间；左臂由后、向前，经头上方向后抡臂划弧，身体随摆臂向左后方转体 180°；上动不停，重心移至左腿，左腿蹬直，右腿屈膝上提，脚尖内扣；同时左臂划弧后立掌落于身体左侧，略与肩平，右拳向上冲拳，拳心向左；

左臂外旋屈肘使掌心翻向上，右臂外旋屈肘下落，在腹前以右拳背砸击左掌心；同时右脚向左脚内侧平落震脚，成并步半蹲，上体稍前倾，目视右拳（图 4-1-16）。

动作要点：震脚要全脚着地，与砸拳同时作响；并步半蹲要挺胸、塌腰。

图 4-1-16　抡臂砸拳

17. 弓步亮掌

动作说明：身体右转，右脚向右后撤步成右弓步；两手臂随即向身体两侧打开，右臂亮掌于头上方，左臂在左前方挑掌，目视左掌（图 4-1-17）。

动作要点：挺胸、塌腰，后蹬腿沉髋，两臂动作舒展。

18. 收势

动作说明：左脚向右脚靠拢，两拳收抱于腰间，目视左侧；随后两臂自然下垂，目视正前方（图 4-1-18）。

动作要点：并步、抱拳要同时完成，抱拳两肘向后夹紧。

图 4-1-17　弓步亮掌

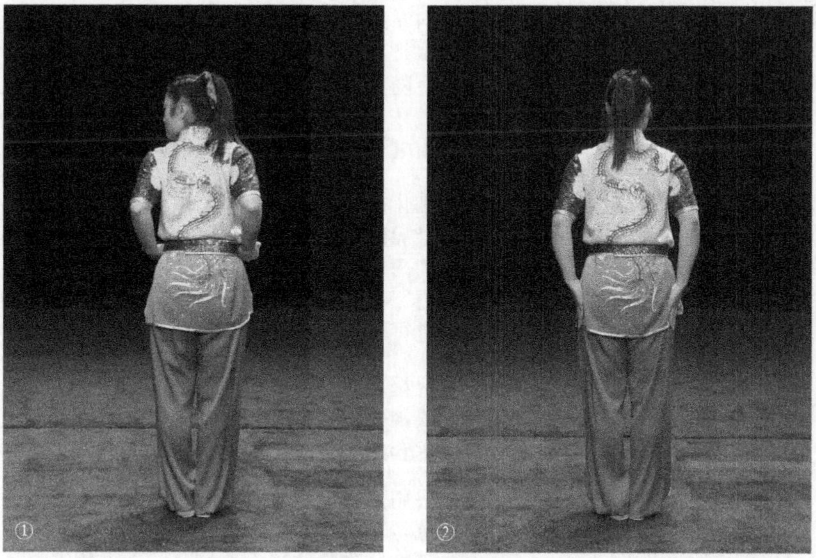

图 4-1-18　收势

二、易犯错误与纠正方法

十步拳易犯错误及纠正方法参考表 4-1-1。

表 4-1-1　十步拳易犯错误及纠正方法

动作名称	易犯错误	纠正方法
预备式	心、气、形松懈无力	● 挺胸、塌腰、脚掌抓地；集中注意力进入动作开始状态
退步切掌	切掌做成插掌，从腰间直接向前伸出；发力不当致使动作僵硬；直线后退造成步型不稳固	● 细化切掌动作路线 ● 明确切掌力点，采用目标靶进行退步切掌的辅助练习 ● 明确弓步步型要点，强调退步时的落点位置

续表

动作名称	易犯错误	纠正方法
直立分掌	左掌未从右掌上方穿出或穿掌方向不明确；直立分掌时，右臂直接向右后方伸出，未向下划弧	● 明确穿掌动作路线与动作特征 ● 细化分掌动作路线 ● 由慢到快连动练习
虚步亮掌	上肢错误：勾手肘关节弯曲；上撑掌手臂弯曲	● 细化勾手动作路线，强调勾手向后抄挂的技击含义 ● 讲解长拳劲力特征，即“无力难以舒筋、撑骨、构形”，因此劲力要充沛；但劲不可过猛，过猛则外形不美观，所以要采用“遒劲”，即上撑掌的定型要顿折圆转，有力而不露棱角，遒润而有骨力 ● 提高肩关节柔韧性，可采用弹力带进行拉伸练习
	虚步错误：重心虚实不清；两膝内扣；支撑腿脚后跟拔起	● 明确虚步动作要点：重心在支撑腿为实，前点脚为虚；支撑腿脚尖微外展，膝关节与外展方向须一致 ● 增强下肢力量，尤其是单腿支撑的力量
	摆头错误：下巴上翘、摆头不充分，眼神涣散	● 摆正头部姿势、收紧下巴，然后右掌背置于下巴下方，向左练习摆头；或身体左侧面向镜子，练习向左摆头；由常速逐渐过渡到快速摆头 ● 目随势注，就是要求眼神要专注，摆头做好后，眼神要关注动作延展的方向，不能左右瞟视 ● 由配合亮掌动作练习过渡到虚步亮掌完整动作练习
提膝劈掌	提膝时，左右两臂动作不一致；提膝脚脚尖松软，或提膝时重心前倾	● 细化动作路线，强调左掌经由左肋前伸与右掌下劈的最后瞬间一起发力。或者借助海绵棒进行辅助练习，使两臂动作在同一时间完成 ● 进行勾脚尖与绷脚尖的交替练习；或蹦脚尖抱膝练习 ● 进行单腿蹲起练习，强调上体正直
并步对拳	上肢动作不舒展；眼未随手动	● 放慢动作，让两臂动作打开，与步法协调一致 ● 眼神先跟随右手，然后在并步对拳时向左摆头；提示武术套路练习过程中要学会眼随手动
马步格拳	格挡力量未达或过度；马步过小，或两膝内扣、前跪	● 采用两人攻防练习进行纠正，或采用海绵棒进行辅助练习 ● 可进行马步的静力性练习与动力性练习
弓步冲拳	转身后蹬时右膝弯曲、脚跟掀起；前弓腿膝盖未达脚背或超过脚尖	● 由马步转为弓步时，两脚之间的距离会发生改变，可通过微调两脚之间的距离完成右腿后蹬的动作 ● 放置标志桶于后蹬脚侧后方，练习全脚掌贴地拧转动作 ● 结合辅助器材练习弓马步转换动作 ● 两手持海绵棒，放于左侧大腿上方，在马步转换成弓步时，使其保持平衡稳定，同时强调前弓腿的屈髋动作
弹腿冲拳	支撑腿提踵；弹出腿屈膝后抬；弹出腿脚尖未绷紧；冲拳时肘未贴肋冲出	● 加强对弹腿动作要点的理解；进行弓步接提膝动作练习，强调膝关节直接上提动作 ● 强调弹腿屈髋前弹，力达脚尖；亦可采用海绵棒进行冲拳和弹腿的辅助练习 ● 两人一组，一人持靶或海绵棒，另一人进行左右冲拳练习，强调肘贴肋运行，使拳内旋冲出；动作熟练协调后进行弹腿冲拳完整动作练习

续表

动作名称	易犯错误	纠正方法
马步架打	重心随着落步移至右脚，或两脚未转动；冲拳与架掌耸肩	● 强调右脚落地前重心要保留在左腿，右脚尖要内扣落地 ● 放松肩关节，明晰撑掌和冲拳力点，保持遒劲
歇步冲拳	按掌时手臂过直，力未达或过度；歇步不稳，歇步两大腿未交叉；臀部未坐于小腿上；膝关节触地	● 明确按掌技击方法和力点，或两人进行攻防练习 ● 进行歇步动作练习：直立接下蹲成歇步和转身下蹲成歇步 ● 进行下肢力量练习或增强踝关节的力量
提膝穿掌	右掌未由左掌上方穿出或穿掌过高；转身提膝不稳定	● 明确穿掌动作细节和技击要点，可进行两人攻防辅助练习 ● 转身提膝不稳定的原因是右脚未内扣；提膝未用力收紧；可进行歇步—转身蹬起练习，强调右脚内扣后再转身，不要边转边提膝
仆步穿掌	左臂前摆，掌尖未沿仆出腿朝前穿出；右臂落于肩下方；左脚直接向前落地，没有仆出之势	● 强化左掌屈肘后使掌尖向前沿左仆出腿穿出；或在穿掌前方放置标志桶纠正动作 ● 强调上肢肩关节要舒展，两臂前低后高保持一条线 ● 支撑腿沉髋下蹲，仆出腿脚尖内扣直接向左侧铲出，可采用标志桶进行辅助练习
虚步挑掌	重心错误：左脚尖未外展，身体随上步重心移至前点腿、上体前倾； 上肢错误：左臂向后划弧成勾手时，出现耸肩别肘；右臂过度屈肘、挑掌力点不清	● 进行仆步接虚步步型转换练习，练习过程中强调身体正直，或进行单腿蹲起练习 ● 强调左臂后绕时打开肩关节，不要转肩；练习右挑掌，强调力点在掌根和掌指外侧
仆步抡拍	动作过程错误：抡臂划弧未呈立圆；动作僵硬、不协调	● 讲解肩关节为全身最灵活的球窝关节及其运动特征；进行前后绕环、交叉绕环练习；也可贴墙进行左右绕环练习，强调手臂上贴耳朵下贴大腿；熟练后加快速度练习 ● 强调向右绕环时，以右臂带动左臂依次摆动；也可两人进行练习，一人手拿海绵棒，另一人做左右绕环练习，以右抡臂为例，右手—左手—右手依次抡臂向右劈击海绵棒
	动作姿态错误：仆步拍地时手臂过直，或拍地落点问题；仆步时身体重心落在两腿之间，身体前倾、臀部后翘	● 细化动作，强调拍地前肘关节要微屈，有利于拍地时发力；向下拍地时注意落点要靠近右脚内侧 ● 掌握仆步动作要领，即全蹲腿和仆出腿的要求；加强腿部柔韧性的提升；强调上体要塌腰上挺
抡臂砸拳	抡臂与转身不协调；提膝腿错误；提膝上冲拳动作不撑拔	● 练习左臂抡臂，学会以腰带臂抡转 ● 提膝腿错误是由于对动作重心认知问题造成的，强调重心从右腿转移到左腿，然后提右膝的动作过程 ● 上冲拳时右手臂应从腰间直接向上冲拳，注意形成上下撑拔之劲（上冲拳与支撑脚的上下对拔，左臂与右提膝的横向平衡）
	震脚砸拳错误：两脚震脚未全脚掌着地，两腿未屈膝下蹲；砸拳离身体过近，或未用拳背砸拳	● 强调屈膝下蹲，两脚全脚掌震脚 ● 细化砸拳动作，强调下砸时的上肢路线，以及砸拳时两手的接触点和手型

续表

动作名称	易犯错误	纠正方法
弓步亮掌	腰部与上体衔接不紧凑，做弓步时臀部后翘，上体前倾	● 细化动作特征：做好弓步，强调左髋下压；上体面向前弓腿方向后半面向左转，左臂挑掌，右臂亮掌 ● 采用"对角线"原则明确动作特征：放置一根木杆与弓步平行，使左臂挑掌对应左斜角，同时强调前弓腿屈髋
收势	臀部后翘、上体前倾后收脚	● 明确重心落于右腿，因而在左脚快速收回时，右腿要保持足够的劲力使身体直立而起

三、教学建议与学练指导

（一）教学建议

1. 加强上肢动作协调

十步拳是五步拳的升级版，在涵盖五步拳全部动作的基础上，增加了长拳的典型动作——虚步亮掌、并步对拳、仆步抡拍、抡臂砸拳，而这 4 个动作正是十步拳动作教学的重难点。

从这 4 个动作的技术特征来看，都是以肩臂的柔韧性与灵活性为基础的。初中生正处于动作概念认知和理解水平的发展阶段，教师可以通过对肩关节球窝结构特征的讲解，让学生理解肩关节的运动幅度，建立动作认知。然后通过肩关节柔韧练习指导，让学生感受架掌、勾手亮掌时手臂动作的位置；通过肩臂前绕环、后绕环、交叉绕环、左右绕环动作的教学，让学生体验手臂划弧的立圆面以及依次划弧时两手臂的衔接时机。待动作有了一定的准确度和协调性后，可让学生感受肩关节放松状态下的动作加速度，或增加练习数量，或配合步型形成完整动作。肩臂的协调性练习既可作为准备活动，也可作为专项素质练习贯穿十步拳教学始终。

2. 注意下肢力量培养

十步拳套路在步型方面与五步拳相同，有弓步、马步、仆步、歇步、虚步五种步型，但十步拳的弓步和虚步则左、右皆有，因此对下肢力量和稳定性的要求相对更高。在教学过程中，学生在步型方面常出现的问题有步型不到位、步型稳定性差，以及步型与步型转换、步型与其他动作衔接时的启动速度较慢等等。从这些预设的问题入手，教师可在步型教学方法的"多样化"方面注重思考。

（1）定矩教学：采用绳梯定矩的方式，可用于弓步、马步、仆步的教与学。如弓步，让学生左右连续上步成弓步，感受弓步正确动作时两脚的前后距离及横向距离；马步可采用开合马步跳的动作，并步站立在绳梯内，两脚同时向绳梯外两侧分步下蹲成马步，可连续进行；仆步也可采用左右连续上步成型的形式进行，但注意强调仆出腿向前铲出的力量。

（2）步型转换：可加强两脚的稳固性，或后蹬腿、前仆腿的力量及启动速度。采用的方法有弓步—马步—弓步转换、提膝—仆步—弓步转换、仆步—虚步、马步—歇步转换等等。步型转换过程中教师要注意强调学生步型成形时的停留时间，以巩固动作的准确性。

3. 强调精气神的养成

武术套路演练要体现精神、劲力、节奏、风格等特点，因此教师在整个单元教学过程中要不断强调演练时的劲力及眼神、呼吸与动作的统一。

武术劲力强调“贯其力于股肱之中”，即指人体四肢躯干处于张力状态；眼神要求与动作配合一致，即“手到眼到”或遵循“欲左先右”的原则；呼吸则根据动作性质以“提”“托”“聚”“沉”方式进行助势。以虚步亮掌为例，对动作劲力的要求是亮掌与勾手肩臂撑拔，但亮掌手臂不可过直，有顿折圆转的遒润骨力；虚步稳定，腰部微塌。呼吸采用“聚气”，不能吐气或松气，否则上体重力会全部沉于腿部，从而无法形成动作的整体张力；眼神则在肢体动作完成的同时由右向左目视，要炯炯有神。因此，教师首先要认真解读每一动作，引导学生在套路演练过程中做到全神贯注、形神兼备，进而形健质善。假以时日，精气神的面貌会自然流露。

（二）学练指导

学生可以根据教师在课堂教学过程中提供的有关柔韧性、协调性和力量性的方法，根据自身实际情况循序渐进地练习，逐步提高套路动作质量和表现力，同时养成自我锻炼、自我评价的运动行为习惯。

1. 肩关节柔韧性与协调性练习

各阶段肩关节柔韧性与协调性练习内容及自我评价见表 4-1-2。

表 4-1-2 肩关节柔韧性与协调性练习内容及自我评价

阶段	练习内容	自我评价
初学阶段	● 前绕环×10 次×3 组 ● 后绕环×10 次×3 组 ● 交叉绕环×10 次×3 组 ● 左右绕环×10 次×3 组	● 两臂是否贴身、立圆 ● 左右绕环时两臂是否依次打开 ● 自我感觉是否协调 ● 录制练习视频进行检查
巩固阶段	● 前绕环×10 次×3 组 ● 后绕环×10 次×3 组 ● 交叉绕环×20 次×3 组 ● 左右绕环×20 次×3 组	● 动作是否协调 ● 10 次 1 组进行计时 ● 录制练习视频进行检查
提高阶段	● 仆步抡拍×10 次×3 组 ● 仆步抡拍×20 次×3 组 ● 仆步抡拍—抡臂砸拳×5 次×3 组	● 动作是否协调 ● 10 次 1 组进行计时 ● 20 次 1 组进行计时 ● 录制练习视频进行检查 ● 抡臂砸拳的节奏与气势

2. 下肢力量与步型稳定性练习

各阶段下肢力量与步型稳定性练习内容及自我评价见表 4-1-3。

表 4-1-3　下肢力量与步型稳定性练习内容及自我评价

阶段	练习内容	自我评价
初学阶段	● 直立和弓步变换练习×10 次×3 组 ● 马步开合跳练习×10 次×3 组 ● 静力性仆步×10 秒×3 组 ● 单腿半蹲×6 次×3 组 ● 静力性歇步×10 秒×3 组	● 动作是否准确、到位 ● 步型练习时，上体是否端正 ● 可对镜子进行练习观察
巩固阶段	● 弓步—马步转换练习×6 次×3 组 ● 提膝—仆步转换练习×6 次×3 组 ● 单腿深蹲×5 组接虚步×3 秒×2 组 ● 马步—歇步—马步×6 次×3 组	● 动作是否准确、到位 ● 步型练习时，上体是否端正、下肢是否稳固 ● 可对镜子进行练习观察
提高阶段	● 弓步格挡接马步冲拳×6 次×3 组 ● 仆步穿掌×6 次×3 组 ● 直立接虚步亮掌×6 次×3 组 ● 歇步冲拳接提膝穿掌×6 次×3 组	● 步型是否稳固 ● 上下肢动作是否协调 ● 劲力是否充沛 ● 录制练习视频进行检查

3. 眼神与动作劲力练习

各阶段眼神与动作劲力练习内容及自我评价见表 4-1-4。

表 4-1-4　眼神与动作劲力练习内容及自我评价

阶段	练习内容	自我评价
初学阶段	● 对镜子练习摆头×10 次×3 组 ● 勾手亮掌静控×5 秒×5 组 ● 冲拳架打静控×5 秒×5 组 ● 原地冲拳×10 次×3 组 ● 勾手挑掌静控×5 秒×5 组	● 摆头的速度及眼神的专注度 ● 上肢动作是否舒展撑拔 ● 冲拳劲力是否顺达 ● 可对镜子进行练习观察
巩固阶段	● 并步对拳甩头×10 次×3 组 ● 直立分掌接虚步亮掌×5 次×3 组 ● 弓步冲拳接弹腿冲拳×5 次×3 组 ● 仆步穿掌接虚步挑掌×5 次×3 组 ● 歇步冲拳接提膝穿掌×5 次×3 组	● 是否手到眼到 ● 动作衔接启动是否快速 ● 冲拳、穿掌劲力是否顺达
提高阶段	● 虚步亮掌接并步对拳×5 次×3 组 ● 弓步冲拳接提膝冲拳接马步架打×5 次×3 组 ● 提膝穿掌接仆步穿掌接虚步挑掌×5 次×3 组 ● 抡臂砸拳接弓步亮掌×5 次×3 组	● 动作协调性与稳定性 ● 精气神的体现 ● 录制练习视频进行检查

健身长拳

【武术谚语】 发于根，顺于中，达于梢。

释义：该谚语是对武术劲力的要求。意思就是劲由脚跟而起，若下身不扎实、沉稳，劲力就会松懈而无法传递至腰。腰部作为中枢环节，既能协调全身，又是劲力运转的主宰所在。劲力在腰部催动下，通脊背、过肩膀、经肘部、达手指，处处皆可发劲，因而要松柔、虚灵。总之，下身稳实，中间灵活，上身虚灵，劲力才能节节贯穿，顺达均整。

第二节 少年连环拳

一、动作介绍

少年连环拳是8年级和9年级的武术教学内容。少年连环拳动作结构以拳、掌两种手型,弓步、马步两种步型,冲拳、劈砸、推掌、架掌等手法,以及弹腿、蹬腿两种屈伸性腿法组成。整套套路由四组共34个动作构成,其风格特点是势式工整、招法清晰、步移拳发、上下相随。

少年连环拳

(一) 动作名称

<table>
<tr><td colspan="60">1.起势—并步抱拳</td></tr>
<tr><td colspan="60">第一组</td></tr>
<tr><td colspan="20">2.弓步冲拳</td><td colspan="20">3.弹腿冲拳</td><td colspan="20">4.马步冲拳</td></tr>
<tr><td colspan="20">5.弓步冲拳</td><td colspan="20">6.弹腿冲拳</td><td colspan="20">7.马步冲拳</td></tr>
<tr><td colspan="60">第二组</td></tr>
<tr><td colspan="15">8.弓步左右推掌</td><td colspan="15">9.按拦推掌</td><td colspan="15">10.上架蹬腿</td><td colspan="15">11.马步推掌</td></tr>
<tr><td colspan="15">12.弓步左右推掌</td><td colspan="15">13.按拦推掌</td><td colspan="15">14.上架蹬腿</td><td colspan="15">15.马步推掌</td></tr>
<tr><td colspan="60">第三组</td></tr>
<tr><td colspan="15">16.弓步双冲拳</td><td colspan="15">17.抱拳蹬腿</td><td colspan="15">18.弓步冲拳</td><td colspan="15">19.马步架打</td></tr>
<tr><td colspan="15">20.弓步双冲拳</td><td colspan="15">21.抱拳蹬腿</td><td colspan="15">22.弓步冲拳</td><td colspan="15">23.马步架打</td></tr>
<tr><td colspan="60">第四组</td></tr>
<tr><td colspan="12">24.弓步左右冲拳</td><td colspan="12">25.回身弓步冲拳</td><td colspan="12">26.翻身劈砸</td><td colspan="12">27.弹腿冲拳</td><td colspan="12">28.马步冲拳</td></tr>
<tr><td colspan="12">29.弓步左右冲拳</td><td colspan="12">30.回身弓步冲拳</td><td colspan="12">31.翻身劈砸</td><td colspan="12">32.弹腿冲拳</td><td colspan="12">33.马步冲拳</td></tr>
<tr><td colspan="60">34.收势</td></tr>
</table>

(二) 动作说明与要点

1. 起势—并步抱拳

动作说明:两脚并拢,身体直立。随即双拳收抱于腰间,向左摆头,目视左前方(图4-2-1)。

动作要点:抱拳时两肘向后夹紧,摆头速度要快,眼神专注。

图 4-2-1　起势—并步抱拳

【第一组】

2. 弓步冲拳

动作说明：身体左转，左脚向左侧迈步成左弓步；右拳从腰间向前冲出，高与肩平，拳心向下，目视前方(图 4-2-2)。

动作要点：成弓步时，右腿充分蹬直，脚跟不要离地；冲拳时，尽量转腰顺肩。

3. 弹腿冲拳

动作说明：重心前移至左腿，右腿屈膝向前弹踢；同时左拳向前冲出成平拳，右拳收回腰间，目视前方(图 4-2-3)。

动作要点：起身迅速，弹腿与冲拳同时完成，弹腿力达脚尖。

图 4-2-2　弓步冲拳

图 4-2-3　弹腿冲拳

4. 马步冲拳

动作说明：右脚内扣落地，身体左转 90°，两腿下蹲成马步；同时左拳收回腰间，右拳向前冲出成平拳，目视右前方(图 4-2-4)。

动作要点：马步要挺胸、塌腰，冲拳力达拳面。

5. 弓步冲拳

动作说明：右脚尖微外展，左腿蹬直成右弓步；右拳收至腰侧，拳心向上，左拳向前冲出，高与肩平，拳心向下，目视前方（图 4-2-5）。

动作要点：弓步拧转迅速有力，冲拳劲力充足、用力顺达。

图 4-2-4　马步冲拳

图 4-2-5　弓步冲拳

6. 弹腿冲拳

动作说明：重心前移至右腿，左腿屈膝向前弹踢；同时右拳向前冲出成平拳，左拳收回腰间，目视前方（图 4-2-6）。

动作要点：弹腿力达脚尖。

7. 马步冲拳

动作说明：左脚内扣落地，身体右转 90°，两腿下蹲成马步；同时右拳收回腰间，左拳向前冲出成平拳，目视左前方（图 4-2-7）。

动作要点：马步大腿达水平，挺胸、塌腰，冲拳力达拳面。

图 4-2-6　弹腿冲拳

图 4-2-7　马步冲拳

【第二组】

8. 弓步左右推掌

动作说明：身体左转，右腿蹬直成左弓步；右拳变掌前推，左掌变拳收回腰间；左拳变掌前推，右掌变拳收回腰间，目视前方（图 4-2-8）。

动作要点：弓步拧转迅速稳定，左右推掌力达掌根和掌指外沿。

图 4-2-8　弓步左右推掌

9. 按拦推掌

动作说明：左掌屈肘下按，右拳变掌经左掌上方向前推出；左掌收至右肘关节下方，掌心向下，目视前方（图 4-2-9）。

动作要点：按拦清晰有力，推掌劲力顺达。

图 4-2-9　按拦推掌

10. 上架蹬腿

动作说明：左掌上架，右掌变拳收回腰间；同时，重心前移至左腿，右腿屈膝向前蹬踢，力达脚跟，目视前方（图 4-2-10）。

动作要点：蹬腿与上架掌动作须协调一致；上撑掌舒展，蹬腿力达脚跟。

图 4-2-10　上架蹬腿

11. 马步推掌

动作说明：右脚内扣落地，身体左转 90°，两腿下蹲成马步；同时左掌变拳收回腰间，右拳变掌向前推出，目视右前方（图 4-2-11）。

动作要点：马步重心稳固，推掌劲力顺达。

图 4-2-11　马步推掌

12. 弓步左右推掌

动作说明：身体右转，左腿蹬直成右弓步；左拳变掌前推，右掌变拳收回腰间；右拳变掌前推，左掌变拳收回腰间，目视前方（图 4-2-12）。

动作要点：转身后蹬迅速稳定，左右推掌力达掌根和掌指外沿。

图 4-2-12 弓步左右推掌

13. 按拦推掌

动作说明：右掌屈肘下按，左拳变掌经右掌上方向前推出；右掌收至左肘关节下方，掌心向下，目视前方（图 4-2-13）。

动作要点：按拦清晰有力，推掌劲力顺达。

图 4-2-13 按拦推掌

14. 上架蹬腿

动作说明：右掌上架，左掌变拳收回腰间；同时，重心前移至右腿，左腿屈膝向前蹬踢，力达脚跟，目视前方(图 4-2-14)。

动作要点：蹬腿与上架掌动作须协调一致；上撑掌舒展，蹬腿力达脚跟。

图 4-2-14　上架蹬腿

15. 马步推掌

动作说明：左脚内扣落地，身体右转 90°，两腿下蹲成马步；同时右掌变拳收回腰间，左拳变掌向前推出，目视左前方(图 4-2-15)。

动作要点：马步重心稳固，推掌劲力顺达。

图 4-2-15　马步推掌

【第三组】

16. 弓步双冲拳

动作说明：左掌变拳收回腰间，身体右转，左腿蹬直成右弓步；随即两拳从腰间同时向前冲出，拳心朝下，目视前方(图 4-2-16)。

动作要点：后蹬、拧转、双冲拳发力要协调一致。

图 4-2-16 弓步双冲拳

17. 抱拳蹬腿

动作说明：重心前移至右腿，左腿屈膝向前蹬出，力达脚跟；同时双拳收回腰间，目视前方(图 4-2-17)。

动作要点：抱拳两肘向后夹紧，蹬腿力达脚跟。

18. 弓步冲拳

动作说明：左脚落地，重心前移成左弓步；右拳从腰间向前冲出，力达拳面，目视前方(图 4-2-18)。

动作要点：落步成弓步时上体保持稳定，冲拳力达拳面。

图 4-2-17 抱拳蹬腿

图 4-2-18 弓步冲拳

19. 马步架打

动作说明：身体右转，左脚尖内扣成马步；同时右拳上架，左拳前冲，目视左前方（图 4-2-19）。

动作要点：架打有力，冲拳顺达。

图 4-2-19　马步架打

20. 弓步双冲拳

动作说明：两拳收回腰间，身体左转，右腿蹬直成左弓步；随即两拳从腰间同时向前冲出，目视前方（图 4-2-20）。

动作要点：后蹬、拧转、双冲拳发力要协调一致。

图 4-2-20　弓步双冲拳

21. 抱拳蹬腿

动作说明：重心前移至左腿，右腿屈膝向前蹬出，力达脚跟，同时双拳收回腰间，目视前方（图 4-2-21）。

动作要点：抱拳两肘向后夹紧，蹬腿力达脚跟。

22. 弓步冲拳

动作说明：右脚落地，重心前移成右弓步；左拳从腰间向前冲出，力达拳面，目视前方（图 4-2-22）。

动作要点：落步成弓步时上体保持稳定，冲拳力达拳面。

图 4-2-21 抱拳蹬腿

图 4-2-22 弓步冲拳

23. 马步架打

动作说明：身体左转，右脚尖内扣成马步；同时左拳上架，右拳前冲，目视右前方（图 4-2-23）。

动作要点：架打有力，冲拳顺达。

图 4-2-23 马步架打

【第四组】

24. 弓步左右冲拳

动作说明：身体右转，左腿蹬直成右弓步；右拳收回腰间，左拳经腰间向前冲出，拳心朝下；左拳收回腰间，右拳向前冲出，拳心朝下，目视前方（图 4-2-24）。

动作要点：弓步拧转迅速稳定，左右冲拳力达拳面。

图 4-2-24　弓步左右冲拳

25. 回身弓步冲拳

动作说明：身体左转，右腿蹬直成左弓步；右拳不变，臂略高于肩，左拳向前冲出，拳心朝下，目视左前方（图 4-2-25）。

动作要点：转身、后蹬、冲拳动作须协调一致。

图 4-2-25　回身弓步冲拳

26. 翻身劈砸

动作说明：身体微前倾，右臂由后向下、向前抡臂，左臂由前向下、向后抡臂；上动不停，右前臂内旋使拳眼朝上，直臂向上、向后绕环劈砸至身前时，屈肘收抱于右腰侧，拳心朝上；与此同时身体向右翻转，重心移至右腿成右弓步，左臂向下、向前、向后绕环劈砸至身前与肩同高，拳眼朝上，目视前方（图 4-2-26）。

动作要点：抡臂劈砸速度要快，肩须放松，勿使僵劲；两拳层次分明，右拳劈砸左拳在后，左拳劈砸右拳收抱，勿使两拳同时向前劈砸，着力点在拳轮一侧的前臂尺骨。

①

②

图 4-2-26 翻身劈砸

27. 弹腿冲拳

动作说明：重心前移至右腿，左腿屈膝向前弹踢；同时右拳向前冲出成平拳，左拳收回腰间，目视前方（图 4-2-27）。

动作要点：重心稳固，弹腿力达脚尖。

28. 马步冲拳

动作说明：左脚内扣落地，身体右转 90°，两腿屈膝下蹲成马步；同时右拳收回腰间，左拳向前冲出，拳心朝下，目视左前方（图 4-2-28）。

动作要点：步型稳固，冲拳力达拳面。

图 4-2-27 弹腿冲拳

图 4-2-28 马步冲拳

29. 弓步左右冲拳

动作说明：身体左转，右腿蹬直成左弓步；左拳收回腰间，右拳向前冲出，拳心朝下；右拳收回腰间，左拳向前冲出，拳心朝下，目视前方（图 4-2-29）。

动作要点：弓步拧转迅速稳定，左右冲拳力达拳面。

图 4-2-29 弓步左右冲拳

30. 回身弓步冲拳

动作说明：身体右转，左腿蹬直成右弓步；左拳不变，臂略高于肩，右拳向前冲出，拳心朝下，目视右前方（图 4-2-30）。

动作要点：转身、后蹬、冲拳动作须协调一致。

图 4-2-30 回身弓步冲拳

31. 翻身劈砸

动作说明：身体微前倾，左臂由后向下、向前抡臂，右臂由前向下、向后抡臂；上动不停，左前臂内旋使拳眼朝上，直臂向上、向后绕环劈砸至身前时，屈肘收抱于左腰侧，拳心朝上；

与此同时身体向左翻转，重心移至左腿成左弓步，右臂向下、向前、向后绕环劈砸至身前与肩同高，拳眼朝上，目视前方（图 4-2-31）。

动作要点：抡臂劈砸速度要快，肩须放松，勿使僵劲；两拳层次分明，左拳劈砸右拳在后，右拳劈砸左拳收抱，勿使两拳同时向前劈砸，着力点在拳轮一侧的前臂尺骨。

图 4-2-31　翻身劈砸

32. 弹腿冲拳

动作说明：重心前移至左腿，右腿屈膝向前弹踢；同时左拳向前冲出，右拳收回腰间，目视前方（图 4-2-32）。

动作要点：重心稳固，弹腿力达脚尖。

33. 马步冲拳

动作说明：右脚内扣落地，身体左转 90°，两腿屈膝下蹲成马步；同时左拳收回腰间，右拳向前冲出，目视右前方（图 4-2-33）。

动作要点：步型稳固，冲拳力达拳面。

图 4-2-32　弹腿冲拳

图 4-2-33　马步冲拳

34. 收势

动作说明：左脚向右脚并拢，两拳收于腰间，目视左前方；随即两拳落于两腿外侧，摆头回正，目视前方（图 4-2-34）。

动作要点：收脚与抱拳迅速一致，精神饱满。

图 4-2-34　收势

二、易犯错误与纠正方法

少年连环拳易犯错误及纠正方法参考表 4-2-1。

表 4-2-1　少年连环拳易犯错误及纠正方法

动作名称	易犯错误	纠正方法
起势—并步抱拳	抱拳时两肘未向后夹紧，致使拳面超过腰前侧	● 立于把杆前或一人用海绵棒置于练习者腰前练习抱拳，强调两肩打开，抱拳迅速 ● 对镜子进行侧面练习，观察动作
弓步冲拳	冲拳时身体前倾或后仰；前弓腿膝部过脚尖，或后蹬腿弯曲、脚跟掀起	● 注意动作节奏：先转身上步再冲拳，同时注意控紧腰部，保持正直 ● 前弓腿膝部过脚尖问题，可以首先让学生感受自身正确弓步的距离，然后采用绳梯进行定矩练习；同时强调后腿用力蹬直，力从脚跟发出 ● 采用绳梯定距，进行提膝—落步成弓步的原地练习，控制腰部的稳定性；或者两腿交替进行弓步定矩练习
弹腿冲拳	支撑腿提踵；弹腿时先屈膝后抬再向前弹出；弹腿未力达脚尖；冲拳时肘未贴肋冲出	● 加强对弹腿动作要点理解；进行弓步接提膝动作练习，强调支撑腿的稳定，以及弹出腿膝部直接向前向上提起后再弹出的动作过程 ● 注意弹腿屈髋前弹，力达脚尖；采用海绵棒进行冲拳和弹腿的辅助练习 ● 两人一组，一人持靶或海绵棒，另一人进行左右冲拳练习，强调肘贴肋运行，使拳内旋冲出；动作熟练协调后进行弹腿冲拳完整动作练习
马步冲拳	重心落于前腿，身体未左转	● 细化动作过程与动作要点：强调弹腿落地时脚尖须先内扣再落地，身体左转后再屈膝下蹲，以保持身体重心的中正，左拳抱于腰间时肘关节要向后夹紧
弓步左右推掌	马步转弓步时，后蹬腿膝关节弯曲、脚跟掀起；推掌时耸肩，力点不清	● 在后蹬脚侧后方位置摆放标志桶，练习弓马步转换的蹬转动作，强调全脚掌贴地面拧转，后脚跟外侧发力；同时两手持健身球或足球至于前弓腿大腿与腰部位置，一方面可保持前弓腿大腿达于水平，另一方面可保持身体的稳定 ● 细化推掌动作要点，明确推掌的力点在掌根和掌外沿。讲解劲力发放顺达的要求，耸肩会对劲力发放造成阻碍，须松肩，由慢到快感受推掌力点；同时要求学生增强腕关节的柔韧性
按拦推掌	按拦无力，或右掌未从按拦掌上方推出	● 明确按拦动作路线和要点 ● 两人进行攻防练习，明确动作攻防含义：一人冲拳进攻，另一人按拦防守然后直接推掌进攻；攻防配合时注意安全，控制动作速度
上架蹬腿	蹬腿未收髋；上架掌与蹬腿动作不协调	● 采用两人攻防形式进行练习：一人持海绵棒下劈，另一人上架格挡，并随即蹬腿，攻防过程中注意控制好两人之间的距离 ● 采用先架掌再蹬腿的方法进行练习，强调蹬腿由屈到伸速度要快；动作熟悉之后，再过渡到上架掌与蹬腿完整动作练习

续表

动作名称	易犯错误	纠正方法
马步推掌	重心落于前腿，身体未左转	● 细化动作过程与动作要点：强调蹬腿落地时脚尖须先内扣再落地，身体左转后再屈膝下蹲，以保持身体重心的中正，左拳收抱腰间时肘关节要向后夹紧
弓步双冲拳	双拳未从腰间冲出	● 细化动作路线与节奏，要求推出掌先收回腰间，再进行腿部蹬转与双拳冲出
抱拳蹬腿	支撑腿提踵；蹬出腿屈膝后抬后再向前蹬出；蹬腿未力达脚跟	● 加强对蹬腿动作要点理解；进行弓步接提膝动作练习，强调支撑腿的稳定，以及蹬出腿膝部直接向前向上提起后再蹬出的动作过程 ● 注意蹬腿屈髋前蹬，力达脚跟；采用海绵棒进行蹬腿的辅助练习
弓步冲拳	冲拳时身体前倾或后仰；前弓腿膝部过脚尖，或后蹬腿弯曲、脚跟掀起	● 注意动作节奏：先落步再冲拳，同时注意控紧腰部 ● 进行蹬腿—落步成弓步的行进间练习，强调后蹬腿要用力后蹬，脚跟贴近地面，同时控制腰部的稳定性
马步架打	冲拳与架打耸肩	● 放松肩关节，注意冲拳力点，上架拳须保持遒劲
弓步左右冲拳	马步转弓步时，后蹬腿膝关节弯曲、脚跟掀起；冲拳时耸肩，力点不清	● 可做行进间弓马步转换练习，强调后腿蹬转发力，同时保持身体的稳定 ● 细化冲拳动作要点，明确冲拳的力点在拳面，拳背要平，应松肩，由快到慢感受冲拳力点
回身弓步冲拳	弓步转换时，后蹬腿髋关节未沉髋；弓步冲拳时，两臂未打开或后臂低于肩高	● 细化动作过程：弓步转换时后脚外展，前脚内扣，身体向后转身压髋，蹬直腿脚跟用力后蹬的同时左(右)拳冲出；或原地练习弓步转换，亦可双手持健身球置于前弓腿上进行弓步转换原地练习，以保证后蹬腿的沉髋和身体的正直 ● 冲拳时，右(左)臂不要扣肩，两肩打开并呈一条直线，后高前平
翻身劈砸	抡臂未贴身立圆，或双臂划弧不协调；弓步不稳定	● 练习者面对墙壁，以回身左弓步冲拳为例，做翻身劈砸，强调手臂上贴耳朵下贴大腿，右臂抡至右后方时再带动左臂摆动，控制两臂的节奏；由慢速逐渐过渡到快速练习 ● 弓步不稳定的纠正方法：一是在抡臂前身体微前倾，压低身体重心；二是注意两脚外展、内扣时可微微调节外展脚的位置，内扣脚后蹬有力
收势	收脚并步过程中上体前倾、臀部后撅	● 收脚、并步速度要快，因此要增强腿部力量，同时在练习过程中保持上体姿势的正直

三、教学建议与学练指导

（一）教学建议

少年连环拳与十步拳相比，套路动作数量较多，整体动作难度却不高。但因套路都是弓步、马步与弹腿、蹬腿之间的转换，所以对下肢力量的要求相比十步拳更高；手法虽是冲拳、劈拳、推掌、架掌等基本动作，但要求左右皆做，故对上下肢的协调性有一定挑战。因此，在少年连环拳教学中，教师的教学重点就是强化套路动作规格，教学难点就是加强套路演练水平。同时，教师可根据武术套路动作评判标准进行讲解，不仅可以提高学生对动作的认知理解，亦可教会学生进行自我评价和相互评价。

1. 单个动作细化要点

步型规范、稳固是少年连环拳的基础。学生常见的步型问题是弓步、马步过高，除了下肢力量的原因外，就是学生对弓步、马步两脚之间的距离没有建立正确感知，因此可以采用绳梯或其他定矩的方式首先打开学生的步幅。其次进行动作规格讲解，如弓步前腿要平、后腿要蹬直、脚跟不离地；马步是大腿平、脚尖朝前、脚跟外蹬。然后强调上体姿势，要头正、挺胸、塌腰。

手法中的冲拳与推掌除拳与掌的力点不同之外，动作要点都是肘须贴肋拳(掌)内旋冲出(推出)，强调先松后紧、瞬间发力。翻身劈砸可以从左右绕环入手教学，学会松肩开臂后，再强调劈拳定型的力量控制。

弹腿与蹬腿是屈伸性腿法，学生常见的问题是屈膝后抬和力点不准确。因此教师要强调膝关节向前上方提起后再弹出或蹬出，发力和击打点的把握可采用海绵棒或脚靶等辅助器材进行体悟。少年连环拳动作错误内容见表 4-2-2。

表 4-2-2 少年连环拳动作错误内容

动作名称		错误内容
手型	拳	● 拳面不平 ● 拇指未压在中指第二指节上
	掌	● 四指未伸直并拢
步型	弓步	● 前弓腿膝部未达脚背 ● 前弓腿大腿未达水平 ● 后蹬腿脚跟离地 ● 后蹬腿脚尖未内扣
	马步	● 躯干明显前倾(马步静止时躯干前倾 45°及以上) ● 屈蹲腿大腿未达水平 ● 两脚间距过小(两脚内侧横向距离小于本人肩宽) ● 脚跟离地 ● 脚尖外展(两脚脚尖外展 45°及以上)
腿法	弹腿	● 未由屈到伸 ● 弹出腿脚尖未过膝
	蹬腿	● 未由屈到伸 ● 蹬出腿脚跟未过膝

2. 组合动作强化连贯

少年连环拳套路共有四组动作，每组均为左、右动作。因此，教师可以根据每组动作的主要特征进行左侧或右侧的教学，然后发挥学生的观察能力与思维能力，让其思考并做出另一侧的动作，有助于增强学生对动作的记忆，提高动作熟练度与协调性。

以第一组为例，是以弹腿冲拳连接的弓步冲拳与马步冲拳组合系列。在学生掌握左右两边的动作后，教师要注意加强动与动之间的连贯性。如弓步冲拳与弹腿冲拳是低势开启的动作，要求前腿蹬起有力、快速，才能使后腿屈膝上提并随即弹出，因此关键因素在于前腿的蹬起和后腿的借势。弹腿冲拳与马步冲拳的连接在于对冲拳力量的把控，一般来讲，弹腿脚内扣落地后重心后移至两腿之间后再冲拳，但学生在连贯过程中会出现为了冲拳而重心前移的问题。所以，教师不能忽视对动与动之间的技术解析。少年连环拳其他错误内容见表 4-2-3。

表 4-2-3 少年连环拳其他错误内容

类别	错误内容
失去平衡	● 脚移动或跳动（双脚或单脚支撑时，任何一脚出现的位移或双脚跳动） ● 附加支撑（由于身体失去平衡造成的，在支撑动作正常状态下所需的肢体以外的身体任何一个部位的触地支撑，躯干除外） ● 倒地（由于身体失去平衡造成的，在支撑动作正常状态下所需的肢体以外，躯干或身体其他任何两个部位触地）
遗忘	● 遗忘动作
漏做	● 套路动作缺少动作

3. 整套动作优化演练

武术套路的动作评判，除动作质量（规格）外，还有演练水平的表现评分。演练水平的评判内容（表 4-2-4）主要包含劲力、协调、节奏与风格，因此，它是对演练者运动技能综合力的考察。如劲力是否充足、用力是否顺达、力点是否准确都是对动作规格在演练过程中表现是否准确、到位的检验；手眼身法步的配合是考验演练者的动作协调性与专注力；节奏与风格是演练者能否表达出拳种的风格特点及个人演练特点。这正是套路教学的难点所在，因此，教师要善于把握演练技巧的共性特征，并能根据每个学生的动作特点提出改进方案，从而提升学生整套动作的演练水平。

表 4-2-4 少年连环拳演练水平评分标准

档次	评判标准
优	劲力充足，用力顺达，力点准确，手眼身法步配合协调，节奏分明，风格突出
中	劲力较充足，用力较顺达，力点较准确，手眼身法步配合较协调，节奏较分明，风格较突出
差	劲力不充足，用力不顺达，力点不准确，手眼身法步配合不协调，节奏不分明，风格不突出

（二）学练指导

1. 基本动作变化练

运动技能的形成要经历泛化、分化、巩固和自动化过程，它的发展会受到教学方法、练习方法、学习的目的性和自觉积极性等因素的影响。因此，在技术掌握不同的阶段，教师应采用不同的练习方法让学生巩固同一动作技能。

如冲拳，可原地冲拳，结合步型、腿法原地或行进间冲拳，拳靶练习等；马步，可采用原地静控、马步蹲起、开合跳马步、纵跳接马步、转身跳接马步等多种形式。基本动作变化练，既可以提高学生基本动作技能，也可增加学生练习的兴趣；但教师也要注意，变化练不是为了“变”，而是为了巩固动作技能。

2. 兼顾体能与技能

在学练少年连环拳的过程中，要兼顾技能与体能的全面发展。武术套路技术复杂多样，课堂教学中教师往往更多关注于学生技能的掌握，练习强度和练习量无法满足学生体能的发展。因此，教师在少年连环拳的单元教学设计中，应该均衡考虑技能学习和体能发展的时间比，以及体能发展和练习的内容。体能练习内容既要包含专项体能，又要有一般身体素质的内容。如专项体能是马步蹲起的腿部力量，一般身体素质就可以安排上肢力量或协调性的“补偿性体能”内容。总之，学生身体素质的全面提高也会促进运动技能的进一步发展和提升。

3. 以赛促学激兴趣

教师要做一个“有心人”，不仅要擅于教学思考、进行教学设计，还要牢牢抓住学生的心理特征、技术学练的阶段特征与运动能力的表现，开发设计灵活多样的竞赛活动。如套路基本动作的课课赛，可进行冲拳计时赛、推掌击球赛、弓步障碍赛、马步竞走等等；套路展示赛，让学生了解评判规则与方法，以生生互评形式进行。通过每课都有、全员参与、灵活多样的竞赛活动，以赛促学，以赛促练，既能促进学生运动能力的形成与发展，又在比赛过程中培养了学生的规则意识、合作意识和责任意识，彰显武术育人价值。

【武术谚语】 心意为主帅，眼耳为先锋，活步如战马，手脚似刀兵。

释义：就是心意为主帅发号施令，眼耳为先锋审时度势，活步如战马进退闪躲，手脚似刀兵奋勇搏杀。谚语中的“心意”，就是指人体中枢神经系统会根据现实环境做出预判，并将各种预判信息传递给各执行部位，所以把“心意”比作“主帅”。另武谚中也有“眼观六路，耳听八方”之说，就是要发挥“眼耳”的观察功能。“活步”则指步法要灵活，才能达到进攻、躲闪的目的。“手脚”要像作战的兵器一样，完成各种技击方法，克敌制胜。这一谚语就是要求我们在习武和技击的过程中，身体各部位要协调配合。

健身南拳

第三节 短 棍

“短棍”是对鞭杆、手杖等短棍、棒类武术器械的总称。短棍为无刃短兵器，各处均可握持，不仅兼容刀、枪、剑、棍等器械的技击方法，又因受流传地域拳种的影响，从而形成了技术内容丰富、地域特点突出的短棍技法体系。如手杖类器械主要流传于华中地区，以少林拳系短仗为代表；鞭杆类器械主要流传于西北地区和华北地区。其中，西北地区以甘肃习传者居多，因受“条子”技法影响，体现出多倒手换把、泼辣多变、快速有力的特征；华北地区以山西习传者居多，在形意拳技术风格的影响下，短棍技术体现出架势工整、棍多贴身、劲力风格较为明显的特点。

《体育与健身》中的短棍套路，选用的是《中国武术段位制套路系列教程：短棍》中的一段位短棍，为入门级套路。该套路共由 11 个动作组成，以劈、裹、戳、架为基本棍法，体现出短小精悍、梢把互济、身棍合一的特点。

一、短棍部位名称与基本技法

(一) 短棍部位名称

短棍一般由质地坚硬而稍重的白蜡杆、牛筋棍或藤条等材料制成。短棍的长度一般约为1.2米；粗的一端为把端，直径约为2～3厘米；细头为梢端，略细于把端；从把端开始依次是把段、中段、梢段(图4-3-1)。

选择短棍长度的方法是：自然直立，大臂垂直于地面，抬小臂至水平，地面距小臂上沿高度即为适合本人的短棍长度。

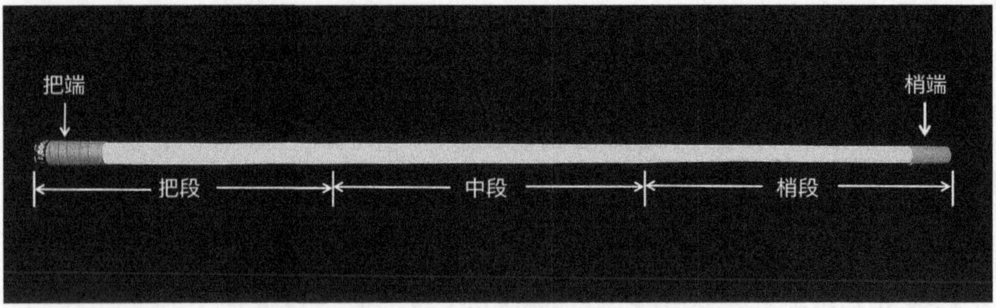

图4-3-1 短棍结构示意图

(二) 短棍基本动作与技法

1. 持棍礼

右手握棍把段，屈臂于胸前，棍身直立，棍梢向上，左手拇指屈拢成侧立掌，掌指向上，掌心与右手指根节指面相贴，两臂外撑，肘略低于手，目视受礼者(图4-3-2)。

2. 持棍

手握棍把段，手心向后，手臂略屈，棍贴于小臂外侧(图4-3-3)。

图4-3-2 持棍礼

图4-3-3 持棍

3. 握棍

(1) 正握棍:两手手心朝下,以虎口相对握棍(图 4-3-4)。

(2) 反握棍:两手手心朝上,以小指侧相对握棍(图 4-3-5)。

图 4-3-4 正握棍

图 4-3-5 反握棍

(3) 正反握棍:一手手心朝上,一手手心朝下,以虎口与小指侧相对握棍(图 4-3-6)。

(4) 半握棍(松握棍):一手握棍,另一手将棍置于虎口内,拇指在下托棍,其余四指松握于棍上或棍侧面(图 4-3-7)。

图 4-3-6 正反握棍

图 4-3-7 半握棍

4. 戳棍

并步举棍,左脚上步成左弓步,同时左手滑把至棍中段半握,右手正握持棍向左前方戳出,力达棍梢,目视棍前方(图 4-3-8)。

图 4-3-8 戳棍

5. 劈棍

并步举棍，左脚上步成左弓步，同时左手正握、右手半握持棍向前劈击，力达棍把段（图 4-3-9）。

图 4-3-9 劈棍

6. 裹棍

并步举棍，右脚撤步成左虚步，同时右手正握、左手半握持棍经左前回裹，力达棍把段（图 4-3-10）。

图 4-3-10　裹棍

二、动作介绍

短棍

（一）动作名称

1.预备式			
2.起势	3.弓步戳棍	4.弓步劈棍	5.虚步裹棍
6.弓步架棍	7.虚步裹棍	8.弓步架棍	9.弓步戳棍
10.弓步劈棍	11.收势		

（二）动作说明与要点

1. 预备式

动作说明：自然站立，右臂略屈，右手虎口向下反握棍把段，使棍贴于小臂外侧，目视前方(图 4-3-11)。

动作要点：握棍手松紧适当，挺胸抬头，精神饱满。

2. 起势

动作说明：右手持棍向左侧上挑，左手随即接握棍梢段，于腹前两手正握棍；右手半握棍上举于身体右侧，左手随右臂带动握梢端于右肩前，同时向左摆头，目视左前方(图 4-3-12)。

动作要点：肩肘放松，两手握棍松紧适当。

图 4-3-11 预备式

图 4-3-12 起势

3. 弓步戳棍

动作说明：左脚向左前方 45°上步成左弓步，同时右手滑把至把端并向右后划弧落至右腰侧，左手滑把至中段，用梢端向左前方戳出，目视棍前方(图 4-3-13)。

动作要点：左手半握，右手贴肋。

图 4-3-13 弓步戳棍

4. 弓步劈棍

动作说明：步型不变，身体微右转，左手滑把至梢端，右手滑把至棍中段，上举于身体右侧；随后右手握棍向左前方劈击，力达棍把段，左手回带至左腰侧正握棍，目视棍前方(图 4-3-14)。

动作要点：右手回拉向前劈击时，强调弧线运动。

图 4-3-14　弓步劈棍

5. 虚步裹棍

动作说明：重心后移至右腿，左脚随即回收成左虚步；同时右手回带至右腰侧正握棍，左手成半握棍，使棍梢段由后向左前方划弧回裹，目视棍前方(图 4-3-15)。

动作要点：棍回裹时要向内弧形拨压。

6. 弓步架棍

动作说明：左脚上半步，重心前移成左弓步；同时两手正握棍向前上方架棍，目视架棍方向(图 4-3-16)。

动作要点：双手滑把上架要快。

图 4-3-15　虚步裹棍

图 4-3-16　弓步架棍

7. 虚步裹棍

动作说明：重心后移成左虚步，身体微左转，使棍梢段由后向左前方划弧回裹，目视棍前方（图 4-3-17）。

动作要点：同第 4 个动作。

8. 弓步架棍

动作说明：左脚上半步，重心前移成左弓步；同时两手正握棍向前上方架棍，目视架棍方向（图 4-3-18）。

动作要点：同第 5 个动作。

图 4-3-17　虚步裹棍

图 4-3-18　弓步架棍

9. 弓步戳棍

动作说明：重心后移，身体右转，两手握棍经上向右划弧回收至体右侧；随后重心前移成左弓步，两手滑把使棍梢端向左前戳出，目视棍前方（图 4-3-19）。

动作要点：同第 3 个动作。

①

②

图 4-3-19　弓步戳棍

10. 弓步劈棍

动作说明：身体微右转，重心略后移，双手持棍滑把回带上举至身体右侧；随后身体向左转，右手握棍向左前方劈击，力达棍把段，左手回带至左腰侧正握棍，目视棍前方（图 4-3-20）。

动作要点：同第 4 个动作。

图 4-3-20　弓步劈棍

11. 收势

动作说明：身体右转，重心后移，同时右手持棍向后划弧，随后左脚向右脚靠拢成并步，两手持棍上举于身体右侧，同时向左摆头，目视左侧。身体略右转，右手持棍把段做剪腕花（右手斜上举棍，梢段经下向身体后侧划立圆，再向外侧划弧下落），棍梢端顺势拄地；与此同时左手经下向左侧上绕后按于腹前；随后并步直立，目视前方（图 4-3-21）。

动作要点：棍立圆贴身，左右手动作协调一致。

图 4-3-21 收势

三、易犯错误与纠正方法

短棍易犯错误及纠正方法参考表 4-3-1。

表 4-3-1 短棍易犯错误及纠正方法

动作名称	易犯错误	纠正方法
预备式	持棍手握棍过紧	● 手腕、手指放松握棍，可采用棍能从手中抽出为判断
起势	左右手握棍过紧，导致滑把不顺畅	● 练习左右手滑把 ● 明确上举握棍时，左右手的握棍姿势
弓步戳棍	右手未滑把至把端；戳棍时左手未滑把，致使手握在梢段；右手离开身体，未贴肋，戳棍失去力的支撑点	● 练习双手立圆的阴阳转换。 ● 了解动作攻防含义，强调棍向前戳时前手应及时回收 ● 设置目标靶练习戳棍，强调用力顺达
弓步劈棍	右手在劈棍时抬肘；劈棍时手握在把段；左手握梢端时手心朝上	● 明确动作路线与要点，利用沙包进行劈棍练习，用力顺达，强调左右手劈棍后的握棍姿势，即右手半握棍，左手正握棍
虚步裹棍	未向后弧形裹棍	● 明确动作路线与要点，利用海绵棒或其他安全器具进行两人攻防练习（一人戳棍，一人裹棍），体会裹棍技法要求和运用
弓步架棍	架棍在头顶上方（应该在额前方）	● 明确动作路线与要点，利用海绵棒或其他安全器具进行两人攻防练习（一人劈棍，一人架棍），体会架棍动作的防守含义
收势	右手持棍划弧不灵活、未贴身立圆；左右手配合不协调	● 持棍进行划 8 字练习 ● 细化两手动作配合的节奏，掌握后再进行快速练习

四、教学建议与学练指导

(一)教学建议

1. 建立短棍形制认知

武术套路中的短棍是用质地坚实的硬木(白蜡杆、牛筋棍、藤条)制作而成的,是短兵的一种。短棍虽不像刀、剑一样有刃,也没有棍、枪的长度,但却可以兼顾刀、剑、棍、枪的一些技法。既可以劈、扫、刺、戳,还可单、双手交替灵活运用。因此,在教学短棍之初,让学生建立短棍的形制认知,对于短棍技法教学是事半功倍的。

同时,通过短棍相关基础知识的讲解,让学生了解短棍的来源与地域性特点,以及我国体育非物质文化遗产中关于短棍的相关内容等等,从而加强学生对我国民族传统体育的了解。

2. 教学短棍基本技法

短棍因其形制而呈现出“收放自如”的技法特征,因此它的基本技法动作大多以溜手、换把、舞花等为基础。

溜手,就是双手以不同的握棍方法在棍身上的溜滑移走。短棍器械短小,只有运用溜手才能使短棍变得忽长忽短、忽隐忽现,表现出短棍来去自如、灵动活泼的特点。

换把,是根据短棍攻防技法的需要变换握棍的位置、方向和手法。在换把过程中短棍技法随之发生改变。短棍是换把最多的武术器械,所以应表现出极为丰富多变的攻防技法。

舞花,是棍围绕人体前后、上下、左右旋转的运动,舞花对于培养手、眼、身法、步的配合和身械协调,增强腕、肘、肩关节的灵活性和力量,表现短棍的美感都具有很好的作用。

教师在握棍、扣棍、持棍等静型动作教学完成的基础上,可以从溜手、换把、舞花等入手,培养学生对短棍的熟悉度。随着动作灵活度的不断提升可逐渐增加动作难度或要求;或通过溜手、换把、舞花与戳棍、扫棍、劈棍、裹棍等技法动作结合进行教学,让学生掌握不同短棍技法的动作路线、击打位置及劲力特征。随后再过渡到短棍套路的教学。

3. 理解短棍攻防技术

短棍攻防技术教学能够进一步加深学生对短棍动作技击含义的理解。在短棍攻防技术教学中,教师首先要分清哪些是进攻动作、哪些是防御动作;然后着重讲解进攻动作的击打位置、防御动作的防御时机以及两者之间的配合;再按照先约束后实战的教学步骤由浅入深、由紧到松地展开教学;当学生熟练地掌握戳棍、裹棍、劈棍、架棍的时机和位置,配合默契、动作同步、攻防逼真时,教师可进一步要求学生提高动作的速度、力量,注重攻击动作的突然性以及防御动作的及时性,在保持动作规范的前提下,尽可能地接近实战效果。从而使学生对于短棍动作的技击运用不仅仅停留在相互配合层面,而是形成动作记忆以应用于实际生活,提高防身自卫的能力,锻炼勇敢顽强的品质。

同时,教师还应关注:一是两两分组是否合理,是否根据学生的实际情况如技术掌握情况和身高情况等进行分组,在生生相互配合练习的过程中注意观察、培养学生之间的沟通、协作能力与责任意识。二是教学过程的安全保障,如器材的选用、学与练的过程中生生距离等是否安全,教师都应考虑周全、加强管理。

（二）学练指导

1. 勤练活把溜手

初中生的身高在这一阶段有显著增长，但肌肉发展相较骨骼慢一些，尤其是小肌肉群的发展，因此对于复杂精细动作的掌握也会慢一些。短棍的活把溜手练习可以有效地发展上肢小肌肉群的灵活协调机能，同时增长上肢肌肉力量。

在学练过程中，学生首先应关注动作的整体形态，如短棍的舞花动作，有剪腕花、撩腕花，但都是以腕关节为轴的“绕 8 字”动作。其次，观察两个动作的关键点及区别，如剪腕花是以棍前端向下劈带为主，撩腕花则以棍前端向上撩击为主。然后，按照“绕 8 字”的感觉进行练习，由慢到快逐步熟悉动作的运动路线，待握棍的手腕、手指随着动作技术的舒展而更加灵活后，就可对动作进行更加精细化的要求，如棍要贴身、立圆，用力顺达、力点准确等等。

2. 强化步法灵敏

在短棍练习中，除了强调基本技法的准确性，还要注重“步法”的灵敏性。行进中搏斗、运动中相击是对抗运动的形式，技击目标的达成离不开步法的敏捷与进退得当。

短棍中的基础步法主要有进步、退步、垫步、移步等。进步就是前脚在后脚推动下，贴地前进半步（约一脚的距离），后脚随即跟进半步。退步是后脚贴地后退一步（约半步的距离），前脚随即后退。垫步是后脚向前上一步落在前脚的位置，前脚则随即前进一步。移步就是前脚斜向进半步，后脚随即跟进半步；或者后脚斜向挪动半步，前脚随即跟上。进步或退步主要用于短距离的逼迫，垫步则用于远距离上的冲刺与追击，移步用于让位击打。

短棍的步法不像长拳类套路，需要大开大合的低势步型，但要快速、轻灵、多变，即短棍技法的运用与步法的移动要协调一致。在练习步法过程中，一是可以通过绳梯或敏捷圈进行相应的辅助练习；二是结合棍法，进行进步、退步、移步、垫步等练习。

健身短棍

【武术谚语】 甘肃人生得硬，出门不离一条棍；棍打轮子，条打榴。

释义：这句谚语反映了中国武术的地域特色。意思就是甘肃地处我国西北地区，民风朴实，强悍尚武，古时的甘肃人出门远行，都习惯随身携带一条棍。不同尺寸的棍，技法往往不同。这里的“棍”指的是齐眉棍，长 5 尺，粗细以手握适中为宜。棍法主要为横方向用力，以抡扫为主。“条子”略细、短，技法以灵活巧用，寻找机会击打对方要害为主，所以“条打榴”中的“榴”就是机会、空子的意思。

课后思考

1. 请说出十步拳的运动特点。
2. 五步拳与十步拳套路动作的异同有哪些？
3. 十步拳套路动作的教学难点有哪些？
4. 请说出仆步抡拍的易犯错误与纠正方法。

5. 请说出虚步的易犯错误与纠正方法。
6. 简述少年连环拳的运动特点。
7. 请列举出少年连环拳包含的手型、步型与腿法。
8. 少年连环拳套路动作的教学难点是什么？为什么？
9. 请说出上架蹬腿的易犯错误与纠正方法。
10. 根据武术套路基本动作内容设计一个课堂小比赛。
11. 简要描述短棍的基本结构。
12. 短棍的技法特点是什么？
13. 短棍中的舞花如何进行教学？
14. 请列举至少 3 种短棍基本技法的发力点和攻防含义。
15. 请说出裹棍的易犯错误和纠正方法。

第五章

高中武术套路

章前导言

高中武术套路是《体育与健身》中10～12年级的武术教学内容，主要包括新编长拳、24式太极拳两个套路。新编长拳属于长拳类套路，是小学、初中武术长拳技术的延续发展，涵盖的动作技法更为丰富、多样。24式太极拳是1956年由原国家体委为推广太极拳运动而组织专家创编的太极拳基础套路，因其动作精练、易学易记而受到广泛普及与喜爱。根据长拳套路和太极拳套路的技术特点，本章在技术解析的基础上明确套路动作要点，针对易犯错误提出纠正方法、学练指导，从而为学生开展高中武术教学提供参考。

学习目标

• 了解新编长拳与24式太极拳套路的风格特点，掌握新编长拳、24式太极拳整套动作技能，具备高中武术教学示范能力。

• 熟练掌握新编长拳与24式太极拳套路动作技术要点，理解套路技术中的易犯错误与纠正练习方法，能够进行教学反思，具备高中武术套路教学指导和训练能力。

• 能够运用武术理论知识及技术方法引导学生理解武术中蕴含的中国传统文化精神，树立厚德载物的品质，形成终身体育的意识。

第一节　新 编 长 拳

新编长拳

一、动作介绍

新编长拳是高中武术教学内容，它是根据高中学生身心发展特点，在青年长拳的基础上改编而成。整套套路包含起、收势,共由 18 个动作组成,其风格特点是舒展大方、节奏分明、劲顺击长、目随势注。

(一)动作名称

1.预备势:并步抱拳	2.抡臂砸拳马步冲拳	3.跃步冲拳
4.弹踢冲拳	5.马步架打	6.歇步十字手侧踹撑掌
7.腾空飞脚	8.弓步顶肘	9.马步横打
10.提膝仆步穿掌	11.虚步挑掌	12.扣腿冲拳
13.震脚弓步劈掌	14.里合腿	15.弓步三冲拳
16.转身劈掌	17.提膝亮掌	18.收势:弓步插掌并步对拳

(二)动作说明与要点

1. 预备势:并步抱拳

动作说明:并步直立,随即两手迅速握拳屈肘抱于腰间,拳心向上,同时向左摆头,目视左前方(图 5-1-1)。

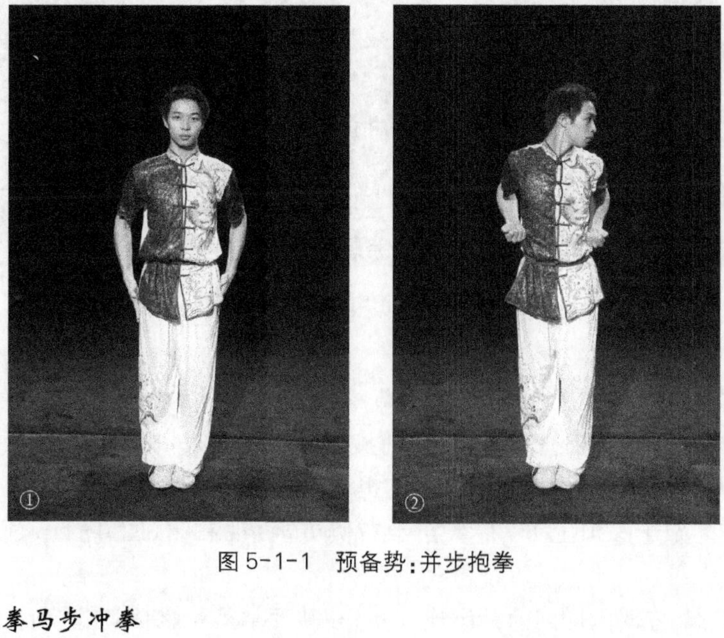

图 5-1-1 预备势:并步抱拳

2. 抡臂砸拳马步冲拳

动作说明:左拳变掌向左侧下方插掌,掌心向下;左臂由左向右、向上、向右抡臂成左立掌,右拳直臂上举,拳心向左,右腿屈膝上提;随后,右拳向下在腹前以拳背砸击左掌心,与此同时右脚向下震脚成半蹲,上体微前倾,目视前下方。左脚向左侧跨步成马步,两手握拳经由腰间向两侧冲出,拳心向下,向左摆头,目视左前方(图 5-1-2)。

动作要点:抡臂时划弧立圆,冲拳与马步协调一致。

图 5-1-2　抡臂砸拳马步冲拳

3. 跃步冲拳

动作说明：上体左转 90°，重心移至右脚，右腿随即伸直，左腿屈膝上提；同时左拳收至腰间，右拳变掌从头上方向下划弧至左膝前按掌，目视右掌。随后，左脚向前落步，两腿微屈，左拳变掌，两臂向下后摆；右腿屈膝向前提起，左脚立即猛力蹬地向前跃出，两掌向前向上划弧摆起，左掌架于头顶上方，右掌立于右侧方，目视右掌（图 5-1-3①、图 5-1-3②、图 5-1-3③）。

右腿落地全蹲，左脚随即向前铲出成仆步；右掌变拳抱于腰侧，左掌由上向右向下划弧，屈肘成立掌停于右肩前，目视左前方。右腿猛力蹬直成左弓步；同时左掌经左脚面向左外侧搂手后变拳收于腰间，右拳从腰间向前冲出，拳心向下，力达拳面，目视前方（图 5-1-3④、图 5-1-3⑤）。

动作要点：跃步要远，落地要轻，落地后要立即接做下一个动作。

图 5-1-3　跃步冲拳

4. 弹踢冲拳

动作说明：重心移至左腿，右腿屈膝提起，脚面绷直，猛力向前弹出，高与腰平，力达脚尖；同时右拳收至腰侧，左拳向前冲出，拳心向下，目视前方（图 5-1-4）。

动作要点：弹出腿要用爆发力，力达脚尖。

5. 马步架打

动作说明：右脚落地向左转体 90°，两腿屈膝下蹲成马步；同时左拳变掌，屈臂上架，右拳由腰间向右冲出，拳心向下，目视右前方（图 5-1-5）。

动作要点：左掌上架、右拳冲出与马步成型须同时完成。

图 5-1-4　弹踢冲拳

图 5-1-5　马步架打

6. 歇步十字手侧踹撑掌

动作说明：右脚向左腿后插步，屈膝下蹲成歇步，同时左掌由头上下落于右手腕处，右拳变掌，两手交叉成十字。随后两脚蹬地，重心落于右腿，左腿屈膝提起，向左上方猛力蹬出，力达脚跟，右腿伸直；与此同时两臂向身体两侧撑掌，掌心向外，目视左侧（图 5-1-6）。

动作要点：歇步时两大腿交叉下蹲；侧踹腿力达脚跟，两臂撑掌与侧踹用力协调一致。

图 5-1-6　歇步十字手侧踹撑掌

注：①a 为正面，①b 为背面

7. 腾空飞脚

动作说明：左脚落地，左臂下落于左前方，右臂落于后上方，两掌均拇指一侧朝上。右脚向前上步，左脚随即屈膝上提，右脚猛力蹬地跳起，同时右臂向前向上摆起，迎击右掌背；随后右腿脚面绷平向上直摆，右手拍击右脚面，左掌在击响后由体前摆至左侧后方成勾手，目视前方（图 5-1-7）。

动作要点：蹬地要向上，不要前冲，左膝尽量上提；击响要在腾空时完成。

图 5-1-7　腾空飞脚

8. 弓步顶肘

动作说明：腾空飞脚完成后，左脚先落地，右脚顺势下落于左脚前方；随后身体右转，重心移至右腿，左腿屈膝上提，两臂随身体转动同时向上、向后划弧摆至右侧；左脚向左上一步成左弓步，与此同时右掌推左拳，以左肘尖向左顶出，高与肩平，目视前方（图 5-1-8）。

动作要点：顶肘力达肘尖，顶肘与弓步同时完成。

图 5-1-8　弓步顶肘

注：②a 为正面，②b 为背面

9. 马步横打

动作说明：右脚向前跨一步，身体左转 180°成马步，同时左拳收抱于左腰侧，右掌变拳由身后向前平摆横打，肘微屈，拳心向下，目视右拳（图 5-1-9）。

动作要点：横打时拳心向下，以腰带臂横击。

图 5-1-9　马步横打

10. 提膝仆步穿掌

动作说明：身体右转，重心移至右腿，左拳变掌由左向上向右划弧按于体前；右腿蹬起独立，左腿屈膝上提，与此同时，右拳变掌掌心向上由腰间经左掌上方穿出，左掌收于腋下，目视右掌；随后右腿全蹲，左腿向左后方铲出成左仆步，右臂不动、拇指一侧朝上，左掌由右胸前向下沿左腿内侧，向左脚面穿出，目随左掌转视(图 5-1-10)。

动作要点：提膝脚脚面绷直，仆步脚脚尖内扣。

图 5-1-10　提膝仆步穿掌

11. 虚步挑掌

动作说明：左腿屈膝前弓，右腿蹬地向前上步，身体直立后向左转，左臂向前向上划弧落于头顶上方，左臂屈肘手背贴于腰背部；右脚向前落步成右虚步，同时左手向后划弧成正勾手，略高于肩，右手由后向下、向前顺右腿外侧向上挑掌，高与肩平，目视前方(图 5-1-11)。

动作要点：上步要快，虚步要稳。

图 5-1-11 虚步挑掌

12. 扣腿冲拳

动作说明：右脚前跨一步，重心移至右腿，右掌变拳收抱于腰间，左勾手不变；随即左脚向后扣于右膝胭处，右拳向右侧冲出，拳心向下，目视右拳（图 5-1-12）。

动作要点：右腿屈蹲，左脚脚背扣于右膝后，冲拳力达拳面。

图 5-1-12 扣腿冲拳

13. 震脚弓步劈掌

动作说明：左脚于右脚内侧震脚落地，右脚随即向右侧跨出成右弓步，同时右拳变掌向下经腹前再向上、向右划弧劈掌，目视右前方（图 5-1-13）。

动作要点：右弓步和劈掌同时完成，劈掌有力，力点在掌小指一侧。

图 5-1-13 震脚弓步劈掌

14. 里合腿

动作说明：身体微右转，重心移至右腿，同时左拳变掌收于右肩侧，右掌变勾手、勾尖向下；身体左转，左臂随即向左侧摆起，左腿伸直，右脚脚尖勾起里扣并向右上方踢起，经面前向左侧上方直腿摆动，至左侧上方时右脚掌迎击左手掌心(击响)，目视右脚(图 5-1-14)。

动作要点：起摆腿蹬地有力，里合击响迎击有力。

图 5-1-14 里合腿

15. 弓步三冲拳

动作说明：上体左转，右腿向后落步成左弓步，左拳随即收于腰间，右勾手变拳经由腰间向前冲出，拳眼向上；右拳收回腰间，左拳向前冲出，拳眼向上；随后，上体右转 180°，右腿屈膝前弓、左腿后蹬成右弓步，右拳向右冲出、拳眼向上，左臂略高于肩，目视右拳(图 5-1-15)。

动作要点：回身冲拳与弓步转换要协调一致。

图 5-1-15　弓步三冲拳

16. 转身劈掌

动作说明：右腿蹬地后随即屈膝上提，同时身体向右后转体 90°，两拳变掌直臂上举，在头前上方以右手背迎击左掌心（击响）；上动不停，身体继续向右转体 90°，右脚向前落步成右弓步，同时左掌变拳收于腰侧，右掌向前劈出，拇指一侧朝上，目视右前方（图 5-1-16）。

动作要点：提膝转体协调，劈掌和弓步同时完成。

图 5-1-16　转身劈掌

17. 提膝亮掌

动作说明：重心微左移，右掌掌心向上随重心向左前划弧，掌与肩高；左掌经胸前从右臂上方向前穿出伸直，掌心向上，右臂随即屈肘收至腋下，掌心向上，眼随手动。重心移至右腿，右腿伸直，左腿屈膝上提；同时右手向下向右侧上方划弧，屈肘抖腕，在头上方亮掌，指尖向左，掌心向上；左臂内旋向左、向后划弧成勾手，勾尖向上；目视左前方（图 5-1-17）。

动作要点：上下肢动作须协调一致，提膝独立稳定。

图 5-1-17 提膝亮掌

18. 收势：弓步插掌并步对拳

动作说明：左脚向前落步成左弓步，右掌下落、左勾手变掌，两掌同时从腰间向前穿出，掌心向上，目视前下方。左腿后退向右脚并拢，两臂同时下垂后摆、向外、向上经胸前屈肘下按，两掌变拳，拳心向下，停于小腹前；目视左侧。随后，两臂自然下垂，目视正前方（图 5-1-18）。

动作要点：并步后挺胸、塌腰，对拳与并步转头要同时完成。

图 5-1-18 收势：弓步插掌并步对拳

二、易犯错误与纠正方法

新编长拳易犯错误及纠正方法参考表5－1－1。

表 5-1-1　新编长拳动作易犯错误及纠正方法

动作名称	易犯错误	纠正方法
预备势：并步抱拳	抱拳时双肘外张	● 抱拳时强调双肘向后夹紧
抡臂砸拳马步冲拳	提膝时右臂弯曲；马步过高，两臂过低	● 体会右臂向上冲直至极限的感觉，同时切忌耸肩 ● 建立马步正确姿势定型，加强马步静态和动态练习；对镜子进行自我纠正，强调冲拳时手臂略高于肩，形成正确动作的肌肉记忆
跃步冲拳	跃步较小；由仆步转弓步冲拳时动作过程不清晰	● 细化大跃步过程动作，即左脚用力蹬地，右脚提起向正前方大步跃出，要有腾空 ● 教师可采用画线或设置阻碍物的方式让学生进行跃步练习 ● 细化由仆步转弓步冲拳的动作过程，强调左掌经左脚面向左外横搂的动作；或设置标志桶进行练习
弹踢冲拳	重心前移	● 强调弹踢时的收髋动作 ● 设置击打靶，注意距离的控制，强调身体保持正直，力达脚尖
马步架打	马步与架打未同时完成	● 教师给予节奏或口令提示，强调马步、左架掌、右冲拳、右摆头同时到位
歇步十字手侧踹撑掌	十字手紧贴身体；侧踹腿臀部后撅	● 讲解十字手攻防含义；细化定型动作，即小臂位于身体正前方20～30厘米的距离，双肘向身体两侧撑圆 ● 扶把杆进行侧踹练习，强调踹腿时舒展髋关节，腿与腰保持水平线，力达脚跟
腾空飞脚	腾空时右腿屈膝前弹	● 强调腾空飞脚是右腿直摆击响动作，可原地进行单拍击响的练习，待动作定型后再进行跳跃练习
弓步顶肘	顶肘时大臂小臂未夹紧或未持水平	● 讲解顶肘技击方法，强调劲力发放时大臂与小臂须夹紧、持平方可用力顺达
马步横打	横打动作力点不清晰	● 细化动作过程，强调右掌变拳经右腰间向身体右后侧摆，再向右前方横击 ● 设置目标靶于学生右前方，练习横打动作
提膝仆步穿掌	仆步穿掌时，左掌横摆至左脚背	● 细化穿掌动作过程，强调左掌由腋下翻转使指尖朝前经左胸、左腿内侧穿至左脚背上方
虚步挑掌	左勾手与右挑掌未在同一垂直面	● 强调左臂向后划弧时，不要落于左肩下方造成扣肩；同时避免含胸，右掌与肩同高、左勾手略高于肩
扣腿冲拳	左肘外张；扣腿时左脚未扣紧	● 强调右冲拳时左肘关节向身体后方夹紧 ● 强化动作细节，左脚勾脚尖扣在右膝腘处

续表

动作名称	易犯错误	纠正方法
震脚弓步劈掌	震脚与弓步劈掌动作不协调	● 细化动作节奏，先震脚，再抡臂划弧跨步劈掌
里合腿	里合腿摆动幅度未呈扇形	● 教师手持海绵棒置于学生体前，要求学生练习里合腿时，腿要从外向里绕过海绵棒后再下挂，体会里合腿的摆动幅度
弓步三冲拳	左右弓步转换时身体上下起伏	● 进行左右弓步转换原地练习，强调转换时上体保持正直，腰部稳固，后蹬腿用力后蹬的同时注意沉髋
转身劈掌	击掌动作错误；转身动作不协调连贯	● 原地练习击掌下劈动作，强调右掌掌背与左掌掌心相互迎击。 ● 细化动作过程，分步骤完成①身体右转 90°完成提膝击掌；②再次右转 90°完成弓步劈掌
提膝亮掌	提膝过低，左脚贴于右腿内侧	● 让学生背靠把杆，练习独立抱膝动作，保持身体正直，强调提膝腿大腿向身体靠拢；建立正确动作定型后可逐渐离开把杆，独立支撑
收势：弓步插掌并步对拳	弓步插掌未从腰间向前穿出	● 细化动作过程，强调双手成掌经由腰间再向前穿出

三、教学建议与学练指导

（一）教学建议

1. 尚武崇德、内外兼修思想教育要贯穿教学全过程

习武即修身，武术主张内外兼修，在技术上强调通过艰苦训练不断追求技艺的精湛，在品德上强调厚德载物、立身正直，追求君子人格。学艺就是求道，“拳无德不立”，习武与立人、品德与技艺要相统一。尚武能培育自强不息的精神，通过坚持不懈的武术锻炼，可以锤炼意志、强健体魄、敢于竞争、勇于拼搏；崇德能培养厚德载物的气度，武术传承历来强调武德教育，要求习武者具有手德、口德、公德，而且武术技法中也含有“以静制动”“以柔克刚”“崇下尚退”的技击理念。因此教师要不断加强武术理论知识教学，以达到“以武育人”的目的。

2. 遵循武术套路教学规律，注重示范、讲解的方法

动作复杂、方向多变、起伏转折是武术套路的运动特征，因此武术在长期的传承过程中一直强调“口传身授”，可见，在教学过程中教师的动作示范与讲解是非常重要的。

示范是让学生了解所要学习的动作形象、做法和要领，突出让学生观察动作的环节，因此示范的位置和面向应根据动作的结构进行选择。示范面有正面、侧面、斜面、背面（同向）、镜面等，一般来讲，单个动作常采用正面或侧面的单一示范，也可以根据动作不同部位的需要，选择若干个示范面进行示范；组合动作与段落动作要随着套路运动规律和结构的变化而采用多种示范面进行不同的展示，总之在教学过程中，教师的示范位置和示范面要做出及时调节。

武术套路动作的讲解要通俗易懂、简明扼要，同时还要富于启发性。讲解的内容主要

包括基本技法、动作规格、攻防技术、关键环节、易犯错误等。采用的方法主要有形象化讲解(仆步穿掌犹如燕子抄水)、口诀化讲解(前腿弓、后腿蹬)、单字化讲解(起、提,伏、沉)、术语化讲解(动迅静定)等。

3. 规范学生动作技能,错误动作的纠正方法要得当

学练武术套路过程中,教师发现错误动作一定要及时纠正,否则就会影响动作技能的正确定型。纠正错误动作的方法主要有以下几种:一是慢解领做法,即采用慢速分解示范进行反复领做;二是语言提控法,当学生遗忘动作或对要点不清楚时,教师应及时进行提示;三是静站体验法,学生的肌肉未建立良好的动力定型时,可以采用静力练习进行纠正;四是助、阻合力法,可用于对动作空间和动作速度的把握中,如翻腰时手臂的带动和腰的翻转速度等等;五是素质补缺法,学生的身体素质存在个体差异性,而且会因为身体素质原因无法很好地完成动作时,教师要根据学生特点进行相应的柔韧、灵敏、力量等练习。纠错的方法还有很多,教师要善于观察和思考,以找到合适的方法。

(二) 学练指导

1. 善于观察

在学习武术套路技术动作时,首先就是观察。观察的内容主要包括动作的静态与动态。以新编长拳中的弓步顶肘为例,静态就是要注意定势时的弓步姿态、顶肘与眼神的方向、大小臂的位置以及身体姿势;动态就是要观察身体转动方向、两臂摆动路线以及下肢动作。同时,还要观察动作的节奏变化,以及动与动之间的衔接。在不同的学习阶段,观察动作的重点也不相同,如初学阶段,主要是动作的运动轨迹和定势动作;在巩固阶段,就要注重劲力与过程动作的形态;在高级阶段就要注意身法、眼神、节奏等的变化。

2. 勤于体悟

武术强调实践性、自修性、恒常性,学生只有通过反复的身体练习,领悟学习内容,并且持之以恒地去“体悟”,才能不断提高武术技能、体能和智力。但课堂除了教学还要练习,习练的时间有时无法满足技能的巩固需求。因此,除课堂学习外,学生还需要在课余时间不断加强基本动作、组合动作、整套动作的练习,并在练习过程中注意动作的规格、节奏和劲力,做到手法、眼法、身法、步法的协调统一。

3. 敢于展示

武术套路演练是习武者武术动作技能的综合体现,不仅需要扎实的基本功,也需要习武者的表现力,因此武术套路演练可以培养学生的自信心。首先,学生可以通过照镜子的形式进行套路技术动作的观察,反复揣摩动作的规范性与劲力的准确性,以及眼神的专注度,形成正确动作的肌肉记忆。其次可以运用视频记录自身技术动作,与优秀演练者进行反复比对,如动作节奏的处理、身法的表达、眼神的配合等等,不断打磨自身的技术动作。最后就是要敢于在师生面前进行展示,克服心理紧张,让自身的动作更加协调、流畅。

【武术谚语】 外练手眼身法步,内修精神气力功。

释义:手法、眼法、身法、步法,与精神、气息、劲力、功夫合称为武术“八法”。这句谚语的意思就是外形要练习手法、眼法、身法、步法,内在要修炼精神、气息、劲力和功夫,强调了武术八法“内修外练”的整体性,即所谓“内外合一,形神兼备”。

形神拳

第二节　24 式太极拳

一、动作介绍

24 式
太极拳

24 式太极拳全称为 24 式简化太极拳，又称简化太极拳。该套路由太极拳运动的主要手型手法、步型步法、进、退、转身等基本技法，共 24 个动作组成。相比于其他传统太极拳，其内容更为精练、规范，包含了太极拳“十三势”动作，即掤、捋、挤、按、采、挒、肘、靠、进、退、顾、盼、定，其风格特点是中正安舒、轻松柔和、圆活沉稳、寓刚于柔。

（一）动作名称

1.起势	2.左右野马分鬃	3.白鹤亮翅	4.左右搂膝拗步
5.手挥琵琶	6.左右倒卷肱	7.左揽雀尾	8.右揽雀尾
9.单鞭	10.云手	11.单鞭	12.高探马
13.右蹬脚	14.双峰贯耳	15.转身左蹬脚	16.左下势独立
17.右下势独立	18.左右穿梭	19.海底针	20.闪通背
21.转身搬拦捶	22.如封似闭	23.十字手	24.收势

（二）动作说明与要点

1. 起势

动作说明：两脚并拢，自然站立，两手自然垂于大腿外侧；头项正直，口闭齿扣，胸腹放松；目平视前方。吸气时，左脚向左分开；呼气时，重心左移至两脚之间，平行同肩宽（图 5-2-1）。

两臂微内旋，直臂前举约至肩高；两腿慢慢屈膝半蹲，同时屈肘坐腕，两掌轻轻下按至腹前，目平视前方（图 5-2-1）。

动作要点：左腿提脚跟开步，高不过足踝，前脚掌先着地。两臂上举时，两手指要有上挑的意识。下蹲屈膝时要松腰敛臀，保持上体正直，两掌下按时坐腕，下按的力点在两掌心。

图 5-2-1　起势

2. 左右野马分鬃

动作说明：重心右移，右臂向外上划弧；上体稍左转，右臂屈肘平收，左臂屈抱于腹前，成右抱球；左脚收至右脚内侧成丁步。上体保持，出左脚，两手臂相合，左腿屈膝成左弓步，同时两掌前分后捋，目视左手方向(图 5-2-2①～图 5-2-2④)。

右腿屈膝，身体后坐，左脚尖翘勾起，身体稍左转，左脚尖外撇前弓左膝，左手心翻下外掤，收右脚成丁步，右手心翻上成左抱球。上体保持，出右脚，两手臂相合，右腿屈膝成右弓步，同时两掌前分后捋，目视右手的方向(图 5-2-2⑤～图 5-2-2⑨)。

左腿屈膝，身体后坐，右脚尖翘勾起，身体稍右转，右脚尖外撇前弓右膝，右手心翻下外掤，收左脚成丁步右抱球。上体保持，出左脚，两手臂相合，左腿屈膝成左弓步，同时两掌前分后捋，目视左手方向(图 5-2-2⑩～图 5-2-2⑭)。

动作要点：抱球时要保持重心的水平移动；分掌时，以腰的转动带动手臂前分；重心移动应以屈膝开始。

④

⑤

⑥

⑦

⑧

⑨

⑩

⑪

⑫

图 5-2-2　左右野马分鬃

3. 白鹤亮翅

动作说明：上体左转正向，右脚跟上半步，同时两手在胸前屈臂抱球。重心坐于右腿，上体右转，左手合于右腕处后上举。上体回转，左脚稍提起调整，成左虚步；同时右手分至右额前，掌心向内，左手按至左腿旁；眼平视前方（图 5-2-3）。

动作要点：抱球与跟步要同时完成，转身时身体不超过 45°，左脚调整与分手按掌同时完成。

图 5-2-3　白鹤亮翅

4. 左右搂膝拗步

动作说明：上体稍左转，左臂外旋托平，右手心朝上下落于左肘旁；身体右转，右手下落至右胯侧向后上方托举，左手随转体上摆，下按于右肘旁，左脚收至右脚内侧成丁步，目视右侧。左脚向左前方出步，同时，右臂屈肘，右手收于右耳侧；左腿屈膝成左弓步，同时左手经左膝前搂后停于左膝外侧，掌心向下，指尖向前，右手随转身向前推出（图 5-2-4①～图 5-2-4④）。

右腿屈膝，重心后坐，左脚尖翘起，上体稍左转，左脚外撇，左腿屈膝前弓；右手随体转稍向上划弧，右脚收至左脚内侧成丁步；同时，左手手心朝上向左上划弧托至左肩平，右手弧形下按于左肘内侧，目视左侧。右脚向右前方出步；同时，左臂屈肘，左手收于左耳侧，右腿屈膝成右弓步；同时，右手经右膝前搂后停于右腿外侧，掌心向下，指尖向前，左手随转身向前推出（图 5-2-4⑤～图 5-2-4⑨）。

左腿屈膝，重心后坐，右脚尖翘起；上体稍右转，右脚外撇，身体重心往右腿移动，同时，左手随转体稍向上划弧。右手随臂外旋向右上划弧托至右肩平，左脚收至右脚内侧成丁步；左手弧形下按于右肘内侧，目视右侧。左脚向左前方出步，同时，右臂屈肘，右手收于右耳侧；左腿屈膝成左弓步，同时，左手经左膝前搂后停于左腿外侧，掌心向下，指尖向前，右手随转身向前推出（图 5-2-4⑩～图 5-2-4⑭）。

动作要点：以腰带动两手划弧；推掌时要沉肩垂肘，坐腕舒指。身体重心的移动要平稳。

图 5-2-4　左右搂膝拗步

5. 手挥琵琶

动作说明：右脚向前上半步落于左脚后，重心移至右腿，上体右转，同时左手向前划弧摆动。上体稍向左回转，左脚稍提起脚跟着地，成左虚步；两臂外旋屈肘合抱，右手与左肘相对，掌心向左，目视左手方向(图 5-2-5)。

动作要点：两手摆掌时要有向里合抓之意。合臂时腰下沉，两臂前伸，腋下虚空。

图 5-2-5 手挥琵琶

6. 左右倒卷肱

动作说明：右手臂下落，上体稍右转，右手旋外上托，左手翻掌、掌心向上，左脚回收，目视右侧。左脚后退一步，同时右臂屈肘，右手收至右耳侧；重心后坐成右虚步，右手推至体前，左手落至左肋侧，手心向上；目视右手方向(图 5-2-6①～图 5-2-6③)。

上体稍左转，右手翻掌、掌心向上，左手随转体向左上托起，右脚回收，目视左侧。右脚提起向后退一步，同时左臂屈肘，左手收至左耳侧；重心后移，成左虚步；左手推至体前，右手向后、向下划弧，收至右肋侧，手心向上；眼视左手方向(图 5-2-6④～图 5-2-6⑥)。

上体稍右转，左手翻掌、掌心向上，右手心旋外上托，左脚回收，目视右侧。左脚提起向后退一步，同时，右臂屈肘，右手收至右耳侧；重心后移，成右虚步；右手推至体前，左手向后、向下划弧，收至左肋侧，手心向上；眼视右手方向(图 5-2-6⑦～图 5-2-6⑨)。

上体稍左转，右手翻掌、掌心向上，左手旋外下落经左胯侧举，右脚回收，目视左侧；右脚提起向后退一步，同时，左臂屈肘，左手收至左耳侧；重心后移，成左虚步；左手推至体前，右手向后、向下划弧，收至右肋侧，手心向上；目视左手方向(图 5-2-6⑩～图 5-2-6⑫)。

动作要点：转身时用腰转带动手旋摆；推掌时，后手贴近前手的掌心推出。退步时，不能走直线，右脚向右后落步，左脚向左后落步。

①

②

③

④

⑤

⑥

⑦

⑧

⑨

图 5-2-6　左右倒卷肱

7. 左揽雀尾

动作说明：上体稍右转，右臂内旋向右侧上方划弧，左手在体前下落，两手回收呈右抱球状，左脚回收成丁步。上体左转，左脚向左前方迈步；两手臂随转体于胸前微合，左腿屈膝前弓成弓步，同时左臂屈肘，手心朝内向前平撑，右手捋按至右胯旁（图 5-2-7①～图 5-2-7④）。

上体稍向左转，左手向左前方伸出，同时右臂外旋，向上、向前伸至左臂内侧，掌心向上。上体稍右转，身体后坐，左臂屈肘，两手同时向下划弧捋至腹前（图 5-2-7⑤、图 5-2-7⑥）。

上体稍右转，右手向右上划弧摆起，左手划弧至右胸侧，身体左转，右手随屈臂搭于左腕内侧，左腿屈膝，重心前移成左弓步；右手推送左前臂向体前挤出，两臂撑圆（图 5-2-7⑦～图 5-2-7⑨）。

左手心翻下，右手前伸于两腕处交叉，两手向外平滑开，与肩同宽；屈右膝后坐，左脚尖勾起，两手随屈臂回收，下按于腹前，重心前移成左弓步；两手上翘至水平后前推（图 5-2-7⑩～图 5-2-7⑬）。

动作要点：重心移动时上体仍要保持正直，随腰转动。掤、捋、挤、按是太极拳最重要的四个手法，力点要明确，路线要清晰。

④

⑤

⑥

⑦

⑧

⑨

⑩

⑪

⑫

⑬

图 5-2-7　左揽雀尾

8. 右揽雀尾

动作说明：上体不动，右腿屈膝后坐；左脚尖内扣，上体右转，右手向右平划弧；身体重心移至左腿，右腿回收成丁步；同时，右手向下划弧，两手成抱球式（图 5-2-8①～图 5-2-8③）。

上体右转，右脚向右前方迈步；两手臂随体转于胸前相合，右腿屈膝前弓成弓步，同时，右臂屈肘，手心朝内向前平撑，左手捋按至右胯旁（图 5-2-8④、图 5-2-8⑤）。

右手向右前方伸出，同时左臂外旋，向上、向前伸至右臂内侧，掌心向上。上体稍左转，身体后坐，右臂屈肘，两手同时向下划弧捋至腹前（图 5-2-8⑥、图 5-2-8⑦）。

上体稍左转，左手向左上划弧摆起，左手划弧至右胸侧，身体右转，左手随屈臂搭手于右腕内侧，右腿屈膝，身体重心前移成右弓步；左手推送右前臂向体前挤出，两臂撑圆（图 5-2-8⑧～图 5-2-8⑩）。

右手心翻下，左手前伸，两腕处交叉后向外平滑开，与肩同宽；屈左膝后坐，右脚尖勾起，两手随屈臂回收，两手同高度回收至胸前一掌间隔时，下按于腹前，重心前移成右弓步；两手上翘至水平后前推（图 5-2-8⑪～图 5-2-8⑭）。

①

②

③

④

⑤

⑥

⑦

⑧

⑨

⑩

⑪

⑫

图 5-2-8 右揽雀尾

动作要点：由左势向右势转化时，左脚尽量里扣。重心移动时上体要保持正直，随腰转动。掤、捋、挤、按力点明确，路线清晰。

9. 单鞭

动作说明：上体不动，左腿屈膝后坐，左手向左侧划弧，右手随转体在腹前划弧，重心平移至右腿，右手向上划弧经面颊移至右侧，手心朝外，左手下落。右腿屈膝，左脚回收成丁步；右臂内旋，右手至右前方变成勾手，高与肩平，左手向下、上划弧至右肘下，掌心向上；目视勾手（图 5-2-9①～图 5-2-9④）。

上体稍左转，左脚向左前方迈步，右手随之展开，左腿屈膝，右腿前蹬成左弓步，同时，左手心旋外向前推按，目视左手前方（图 5-2-9⑤、图 5-2-9⑥）。

动作要点：重心移动平稳，两腿虚实分明。做勾手时右臂不要过直。推掌时随上体转动，弓腿与翻掌前推同步完成。

图 5-2-9　单鞭

10. 云手

动作说明：重心后坐，左脚尖勾起；身体右转，左脚尖内扣，同时右勾手变掌，左手向下划弧至右肘下（图 5-2-10①、图 5-2-10②）。

上体稍左转，重心移至左腿，左手心朝内，向上划弧，右手下落划弧；右脚向左脚收并保持一脚宽成开立步，左手经头前向左划弧，过面颊后掌心渐渐向外翻转，右手向下、向左划弧（图 5-2-10③、图 5-2-10④）。

右手向左、向上划弧，左手下按划弧；身体稍右转，重心移至右腿，左脚向左横开一步，脚尖向前；右手心经面颊后掌心逐渐由内转向外，左手向下、向右划弧（图 5-2-10⑤、图 5-2-10⑥）。

上体稍左转，重心移至左腿，左手心朝内，向上划弧，右手下落划弧；右脚向左脚收并保持一脚宽成开立步，左手经头前向左划弧，过面颊后掌心渐渐向外翻转，右手向下、向左划弧（图 5-2-10⑦、图 5-2-10⑧）。

右手向右、向上划弧，左手下按划弧；身体稍右转，重心移至右腿，左脚向左横开一步，脚尖向前；右手心经面颊后掌心逐渐由内转外，左手向下、向右划弧（图 5-2-10⑨、图 5-2-10⑩）。

图 5-2-10　云手

上体稍左转，重心移至左腿，左手心朝内，向上划弧，右手下落划弧，右脚向左脚收并保持一脚宽距成开立步，左手经头前向左划弧，过面颊后掌心渐渐向外翻转，右手向下、向左划弧（图 5-2-10⑪、图 5-2-10⑫）。

动作要点：以腰为轴，转腰带手交叉划圆。上下肢要协调一致不可脱节。身体平移，不可起伏。

11. 单鞭

动作说明：右手向左、向上划弧至右侧，左手下按划弧，身体稍右转，右腿屈膝支撑，左脚回收成丁步；右手变成勾手，左手向上划弧至左肘下；目视勾手方向。上体稍左转，左脚向左前方迈步，左手随之展开；左腿屈膝，右腿前蹬成左弓步，同时，左手心旋外向前推按，目视左手前方（图 5-2-11）。

动作要点：同前单鞭。

图 5-2-11　单鞭

12. 高探马

动作说明：后脚向前半步，右勾手变掌，两掌心转向上，目视右手；重心后坐，上体左转，左脚稍提起落步成左虚步；右手经耳侧向前推出；左臂屈收至腹前，掌心向上（图 5-2-12）。

动作要点：跟步时上体正直，不可起伏。推手与虚步同时完成。

图 5-2-12　高探马

13. 右蹬脚

动作说明：上体稍左转，左脚向左前方迈出，脚跟着地；右手稍向后收，左手经右手背上方向前穿出，两手交叉，左掌心斜向上，右掌心斜向下；左腿屈膝前弓，两臂上架，两手向两侧划弧下分。左腿直立支撑，右腿屈膝上提，同时两手交叉，右手在外，两掌心皆转向内，于胸前合抱。两手手心翻外撑开，右脚跟用力慢慢向右前上方蹬出，膝关节伸直，右腿与右臂上下相对，目视右手方向（图 5-2-13）。

动作要点：两手交叉于体前约 20 厘米，身体左转 45°。蹬脚过腰，两手高不过头。分手撑掌与蹬脚同时完成。

图 5-2-13　右蹬脚

14. 双峰贯耳

动作说明：身体右转，右腿屈膝回收，左手心朝上向体前划弧，与右手并行。左腿屈膝下蹲，右脚出步，同时，两手下落于腰两侧。右腿屈膝前弓成右弓步；两手变拳拳经两腰侧向后、向外、向前上划弧摆至头前，两臂半屈成钳形，两拳相对，同头宽，拳眼斜向下(图 5-2-14)。

动作要点：弓步的方向与右蹬脚的方向一致。弓步贯拳时肘关节下垂，上体正直。

图 5-2-14　双峰贯耳

15. 转身左蹬脚

动作说明：重心移至左腿，右脚尖勾起；上体左转，右脚尖内扣；重心移至右腿，两拳变掌。右腿直立，左腿屈膝上提，同时两手向下划弧交叉合抱于胸前，左手在外，两掌心皆向内；上体微左转，两手手心翻外撑开，左脚跟用力慢慢向左前上方蹬出，膝关节伸直，左腿与左臂上下相对，目视左手方向(图 5-2-15)。

动作要点：转身时，充分坐胯扣脚，上体保持正直，不可低头弯腰。左蹬脚与右蹬脚的方向要对称。

图 5-2-15　转身左蹬脚

16. 左下势独立

动作说明：左腿屈收于右腿内侧，右手成勾，左手平摆至右肩前，掌心向右。右腿屈膝下蹲，左腿贴地伸出成左仆步，同时左掌贴身向下沿左腿内侧向左穿掌，眼看左手。重心移向左腿成左弓步，左手前穿并向上挑起，右勾手内旋，勾尖朝上，置于身后，上体稍左转，左腿直立，右腿屈膝提起成左独立；左手下按于左胯旁，右勾手变掌向上挑起，高与眼平，目视前方(图 5-2-16)。

动作要点：仆步穿掌时上体不可前倾；由仆步转换成独立步时，做好两脚的外撇和内扣。独立时挑掌的肘与膝相对。

图 5-2-16 左下势独立

17. 右下势独立

动作说明：右脚落于左脚前方，前脚掌着地，左脚以脚掌为轴随之左转，左手变勾手向上提举于身体左侧，高与耳平，右手划弧摆至左肩前，掌心向左。左腿屈膝下蹲，右脚向右侧贴地伸出成右仆步，同时右掌贴身向下沿右腿内侧向右穿掌，眼看右手。上体稍右转，右腿前弓成右弓步，右手向前上挑起，左勾手内旋，勾尖朝上。右手下按于右胯旁，左勾手变掌，向上挑起，高与眼平；同时，右腿直立，左腿屈膝提起成右独立（图 5-2-17）。

动作要点：右脚前掌应落在左脚前方 20 厘米处。仆步穿掌时右脚微提后再前伸。

图 5-2-17　右下势独立

18. *左右穿梭*

动作说明：上体左转，左脚向左前方落步，左腿屈膝支撑，右腿收并左脚内侧成丁步，左臂稍下落外撑，手心翻下；右手左合，手心翻上，两手呈左抱球状。上体右转，右脚向右前方出步；右手向前上方划弧举起，左手下落于左腰侧，左腿蹬转，右腿屈膝成右弓步，同时，右臂翻转上举，架于右额前上方，左手前推。重心稍后移，右脚尖微外撇，随即重心前移至右腿，左脚收于右脚内侧成丁步；两手在右肋前呈抱球状。上体左转，左脚向左前方出步；左手向前上方划弧举起，右手下落于右腰侧，右腿蹬转，左腿屈膝成左弓步，同时，左臂翻转上举，架于左额前上方，右手前推(图 5-2-18)。

动作要点：做弓步架推时，手脚方向一致，两掌要有滚动上架与前推。

图 5-2-18　左右穿梭

19. 海底针

动作说明：上体稍右转，右脚向前半步，右手收于腰侧，左臂下落，随体转按于体前。重心后坐，左脚稍抬起，右手抽提至耳侧，掌心向左，指尖向前。上体稍左转，左脚前点成左虚步；右手向前下方斜插，左手向前、向下划弧，按至左膝外侧；目视前下方（图 5-2-19）。

动作要点：左按右提，要联动；插掌虚步要同步。

图 5-2-19　海底针

20. 闪通臂

动作说明：左脚出步，右手上提，左手指尖贴近右腕内侧。左腿屈膝成左弓步，上体稍右转，左手随提转向左侧推出，右手架于头侧上方，掌心斜向上，目视左手方向（图 5-2-20）。

动作要点：两手先上提后分开，右手上架后引拉。

图 5-2-20　闪通臂

21. 转身搬拦拳

动作说明：重心后移，右腿屈膝；身体右转，左脚尖内扣，重心逐步移至左腿，同时，右手摆至体右侧，左手摆至头左侧，掌心均向外；左腿屈膝支撑，上体继续右转，左掌下按，右手变拳收于腹前，右腿屈膝回收。右脚跟落地，上体稍右转，同时，右拳不变，左手回收于左胯旁（图 5-2-21①～图 5-2-21④）。

右脚尖外撇，重心前移，右臂内旋，拳心向下，上体右转，重心前移，右拳向右划弧至体侧，拳心向下，左臂外撑后随体转向前划弧，手心朝下，左腿屈膝回收，左脚向前上步，左臂稍外旋，使左掌虎口朝上拦击，右拳翻转收至腰间，拳心向上。上体左转，重心前移成左弓步；右拳向前打出，拳眼向上，左手回收附于右前臂内侧，掌心向右（图 5-2-21⑤～图 5-2-21⑧）。

动作要点：身体右转时，左脚尽力内扣。垫步时勿抬脚过高，拦掌时，注意右臂的路线。

图 5-2-21　转身搬拦拳

22. 如封似闭

动作说明：左手心翻转向上，从右前臂下方向前穿出，右拳变掌，翻转朝上，左右掌左右平分同肩宽。重心后移，左脚尖勾起，两臂屈收后引，两手收至胸前；两臂内旋，手心朝下按于腹前；重心前移成左弓步；两手前推（图 5-2-22）。

动作要点：后坐收掌时避免上体后仰。弓步按掌时两掌由下向上、向前推按。

23. 十字手

动作说明：身体后坐，左脚尖勾起里扣，上体右转，右手向右平划弧。重心左移、下沉，两手下落划弧。右脚尖里扣，随即向左收回，与肩同宽；同时，两臂腹前合抱交叉后上托于胸前，手心朝内，目视前方（图 5-2-23）。

动作要点：转体扣脚与弓步分手要连贯衔接。两手划弧下落时不可弯腰低头。交叉手时要有合抱的意念，十字手时要保持两手腕向外撑的力。

图 5-2-22　如封似闭

图 5-2-23　十字手

24. 收势

动作说明：两臂内旋，两手心翻转向下，两臂随即左右平分开。两腿直立，同时两手臂慢慢下落按于两胯旁，随即两手自然下垂，目视前方。左脚轻轻并于右脚内侧，目视方向（图 5-2-24）。

动作要点：翻掌分手时，左手在上，腕关节不要屈折挽花。垂臂落手与起身一致。

图 5-2-24　收势

二、易犯错误及纠正方法

24 式太极拳易犯错误及纠正方法参考表 5-2-1。

表 5-2-1　24 式太极拳易犯错误及纠正方法

动作	易犯错误	纠正方法
起势动作	起手、按掌时出现的张肘、无力；屈膝下坐时撅臀	● 转肘练习：通过自我转肘练习（单臂转肘，双臂转肘），帮助学生做到直臂或坠肘的目的 ● 做坠肘坐腕练习，感知力点在手心和手臂肌肉的用力情况 ● 通过敛臀练习来达到太极拳松腰敛臀的要求
上步动作	两脚一直线，移动时重心有起伏	● 转髋出脚练习：保持有 10～20 厘米的横距 ● 原地重心前后移动练习：先屈膝，再平移，意守髋关节的平移 ● 提高移动技巧练习：重心前移稳定后再收后腿
野马分鬃	分掌力点不准确	● 原地体会前臂外旋摆掌动作，解决手臂外旋的习惯 ● 一手加力扣住另外一手的腕部，进行分掌练习，感知用力和力点 ● 用拧转腰的力量，把手臂分削出去
白鹤亮翅	动作过小，手臂外向张力不足	● 让学生明白手臂的定位，右肘关节略高于肩关节，左右手臂在体前 45°的斜方向 ● 通过给予对抗的阻力，让学生明白用力的方向，以及合理用力的大小
搂膝拗步	夹臂、开肩、无力	● 定位练习：体会手臂胸前的定位和手臂的掤劲 ● 感知上托下按的合力，明白如何用力 ● 原地进行左右手臂交换托按连贯练习
手挥琵琶	用力不明，手臂简单摆放	● 明确动作的攻防意义 ● 通过对抗感知肘和手的合力
倒卷肱	手臂运行路线错误，推掌时左右手动作不协调一致	● 强调先将手落至腰下，随转身托掌举起，肩胸的水平夹角在 135°左右 ● 左右手关联练习，防止前手提早回收
揽雀尾	掤手：上体前俯压身帮助用力；捋手：直臂回拉，僵硬而缺少力量；挤手：成摆掌，力点不准；按掌：折叠路线，缺少化劲	● 保持身体的直立中正，用命门后顶的力量推动手臂前掤 ● 解决前手的沉肘压腕，同起式的按掌动作，沉肩坠肘坐腕 ● 强调回正身体，搭好手再做挤的动作 ● 手臂回收后的下按就是卸去对方的来力，是化，然后前推上翘按出
单鞭	重心移动、虚实不清的双重错误，以及过早翻腕推按	● 先后坐重心，明确虚和实后再进行转身 ● 明确转身摆掌的防守作用：接触，阻隔对手的进攻后，翻腕按掌反击
云手	单纯的摆臂，动作不协调	● 原地的摆臂练习，体会拧转腰牵动手臂的运行 ● 明确动作完成时收脚姿态；明确手脚配合时机：上手过身体中线时，开始脚的开、收
左右蹬腿	平衡不稳，抱掌松软；蹬腿时上体后仰	● 独立平衡练习，提高平衡的稳定性 ● 合手抱掌练习：感受手臂的用力 ● 低位蹬腿、控制练习，提高动作的完成度 ● 高位蹬腿提高腿部力量
下势独立	前俯撅臀，起身困难	● 进行左右仆步压腿练习，逐步提升髋关节的柔韧性 ● 可以进行二人的互助练习，引导直体仆步，控制好两脚间的距离 ● 进行弓步起身独立的技巧练习

续表

动作	易犯错误	纠正方法
左右穿梭	两脚在一条直线上，架推的动作过大	● 转身转髋后对着同侧肩伸脚落步，确保弓步的左右横距 ● 架推时，保持胸部正向，防止转身开肩，失去架掌的防守意义
海底针	左手运行过大	● 明确左手按掌的方向，由斜向回归到正常的路线方向上，进行按掌防御
闪通背	上架之手幅度过大，上体过于侧倾	● 在左右穿梭架推动作的基础上，上体右转 45°即可
搬拦捶	转身时撅臀，或重心起伏；屈肘收拳	● 明确先移身体重心，再做转身动作 ● 转身时注意左右手的上举路线 ● 保持左腿的屈膝，维持控制好身体的重心，不能站起 ● 保持微屈肘，力点在小指一侧的腕部，向外划弧后再收于腰间
十字手	合抱时身体倾斜、撅臀，十字手松软无力	● 移重心、转身时，保持上体直立，敛臀下沉 ● 沉肘合抱，保持十字向外对抗的劲力

三、教学建议与学练指导

（一）教学建议

1. 养生理念贯穿24式太极拳教学始终

太极拳的教学不是简单地教会一个慢速练习的套路，而是要通过这个套路的学习和练习达到健康长寿的目的。如果只是简单地学习太极拳动作，这对感悟太极拳的魅力过于浅显。太极拳是一门“走心”的艺术，如何由肢体的外形运动，变成内在的意识运动，其连接的桥梁就是腹式呼吸，而腹式呼吸是养生和练习太极拳的关键，所以，太极拳教学的首要任务是建立养生观念。

2. 坚持桩法练习提高太极拳肢体的内在感悟

太极拳外在表现是肢体运动的形式，实质是内在的心智活动。慢的运动结果，体现了内的动力需要。如何通过意识的引导，运用腹式呼吸的媒介，完成“劲起于脚跟，主宰于腰，形于手”的动作过程，站桩就是一个非常好的练习动作。通过原地的站桩练习，不仅可以加强腹式呼吸的锻炼，提高呼吸时产生的力量对于上肢的催动，从而达到太极拳内实外松的技术要求，还可以加强身体躯干与四肢关联的建立，以及手臂的气血运行感知。桩法体悟对于太极拳练习时动作的专注顺遂，柔和缓慢等技术要求有着事半功倍的效果。

3. 解析动作的攻防含义，明白动作的意义

太极拳动作的正确与否与动作表现出来的攻防含义是紧密关联的，攻防含义不明，动作必然是错误的，动作形式正确而攻防含义不明，动作质量也无法达到太极拳的内在标准。因此，教师可以通过助、阻力教学法来提高学生的动作体验；同时要通过“以心行气，以气运身”让太极拳的演练达到内紧外松，下沉上活的动作表现。

4. 注意保护膝关节，防止疲劳损伤

太极拳练习如果下肢动作不正确，容易造成膝关节的损伤。在教学中，教师首先要时刻提醒学生膝关节切勿超出脚尖，形成跪膝的错误；其次注意加强小腿的力量锻炼，尤其是脚趾的抓地练习；第三，在步法、步型动作中，注意双腿之间撑、蹬的对抗；第四，注意对下肢的负荷由轻到重逐步提高。

（二）学练指导

1. 做好太极拳练习前的准备

太极拳练习前的准备目的就是要达到心静体松。所谓"体松"，不是全身的松懈疲沓，而是指在练拳时保持身体姿势正确的基础上，有意识地让全身关节、肌肉等达到最大限度的放松状态。因此可以遵循以下步骤进行：一要拉伸身体关节柔韧，防止动作僵硬；二要进行桩功练习，站桩时进行腹式呼吸，做到呼吸均匀、缓慢、深长，同时将呼吸的力量和上、下肢的力量进行整合贯通，体验下盘的沉紧和上肢的松活；三是练习太极拳基本动作如手法、步法等。

2. 太极拳学练要分阶段进行

太极拳套路初学阶段以记忆动作为主；技术巩固与定型阶段要以理解动作及攻防含义为主，感受太极拳的劲力，及时纠正错误动作；技术熟练阶段要以反复练习、呼吸配合动作为主，达到动作的圆活连贯、势势相承。因此要注意三个方面：一是太极拳动作的圆活连贯，太极拳的"连贯"包含两个方面，首先是肢体的连贯，即所谓的"节节贯穿"，下肢的连贯以腰为枢纽，要求以腰带胯，以胯带膝，以膝带足；上肢的连贯以腰带背，以背带肩，以肩带肘，以肘带手；其次是动作与动作之间的衔接，即"势势相连"，前一动作的结束就是下一个动作的开始，势势之间没有明显的间断和停顿；"圆活"则是在连贯基础上的进一步要求，意指活顺、自然。二是太极拳动作的虚实分明。身体重心的稳定性是练好太极拳的前提，一般来说，下肢以主要支撑体重的腿为实，辅助支撑或移动换步的腿为虚；上肢以体现动作主要内容的手臂为实，辅助配合的手臂为虚。太极拳动作通过虚实转换来训练神经系统及调配机体的肌肉力量。三是太极拳动作的拳式呼吸，拳式呼吸是指在腹式呼吸的基础上，以动作的攻防含义为意识导向，要求以呼吸引领动作，以动作控制呼吸的节奏，最终形成完美的动作整体性。

【武术谚语】

百练不如一站。

释义：站桩是中国武术中独具特色的训练方式，静态练习，使形体放松、神意安然、内气顺畅，使拳法体用兼备。站桩为练习太极拳不可或缺的必修课，既是入门初学的基本功，也是练拳到了高级阶段的必修课程。

迈步如猫行，运劲如抽丝。

释义：太极拳的行架走步，出腿似猫，既轻且灵，干净利落又柔若无骨。

十三总势莫轻视，命意源头在腰隙。

释义：腰隙（命门）是太极拳的关键命脉，每一势、每一动都离不开腰隙的主宰，人生命的源头也在腰隙，可见腰隙在太极拳里是占有举足轻重的分量。

太极（八法五步）

课后思考

1. 请列出新编长拳中的腿法。
2. 弓步顶肘的教学要点是什么?
3. 请简述侧踹腿的易犯错误与纠正方法。
4. 请描述大跃步的教学步骤。
5. 谈谈新编长拳的演练包含哪些要素?
6. 请设计新编长拳单元计划,要体现“教、练、赛”。
7. 请写出24式太极拳的动作名称。
8. 练习太极拳时,采用的呼吸方式是什么? 为什么?
9. 太极拳的架势是不是越低越好?
10. 你认为太极拳的站桩练习重要吗? 为什么?
11. 如何做到太极拳动作的“缓慢”?
12. 在太极拳运动过程中,如何保持身体的平稳?
13. 简述太极拳的运动特点。
14. 谈谈你对太极拳“松”的理解。

第六章

学校武术教学设计

章前导言

学校武术教学设计是依据体育学科《课程标准》的要求，根据学校武术项目的特点，预先对教学活动诸要素进行系统规划的过程。一般来说，学校武术教学设计主要包含单元教学设计、课的设计和课时计划(教案)三种类型。但在教学评比、教学展示、教师招聘、校本研修等活动中常以模拟上课的形式开展。因此，本章主要围绕学校武术单元教学设计、课的设计和课时设计，以及模拟课的设计要素与方法进行了具体阐述，培养学生具备进行学校武术教学设计的基本能力。

学习目标

• 了解学校武术单元教学设计、课的设计和课时计划设计的意义与作用，知道单元教学设计、课的设计和课时计划设计的具体要素。

• 理解单元教学设计、课的设计与课时计划三者之间的关系，聚焦学科核心素养，着眼于结构化内容的教学设计。

• 掌握单元教学设计、课的设计和课时计划的设计技能，重视问题导向，明确教学设计各环节的关注点和主要方法。

第一节　单元教学设计

一、单元教材教法分析

学校武术单元教材教法分析是指在研读《课程标准》和《体育与健身》的基础上，对武术单元的教材内容、教学对象、教学方法等方面进行深入剖析，整合教材中的知识、技能、体能和育人价值，厘清武术单元教材内容的体系和内在逻辑关系，把握单元教学重点，并根据学情选择有针对性的教学方法，从而为确定单元教学目标和优化教学设计奠定基础。单元教材教法分析主要包括教材分析、学情分析和教法分析三个方面。

（一）单元教材教法分析的功能

武术单元教材教法分析要基于学科核心素养、运动技能形成规律、学生认知规律和身心发展规律，依据学科《课程标准》和单元规划，对武术单元教材进行整体分析。它是教研组及教师日常教研和教学准备工作的重要内容，是进行教学研究的一种重要方法，也是提高教师专业能力课堂教学质量的重要途径。

教材教法分析的任务是要明确单元教材的知识点、动作技能内在的逻辑结构与关系、单元教学起点和重点教学问题，并根据学情选择“教”与“学”的策略，从而解决当前单元教学内容中课次之间关联度不高、学生获得知识的碎片化、运动技能及能力表现不佳的现状。

（二）单元教材教法分析的要素

单元教材分析动作结构、相关体能、理论依据三个方面。其中，动作结构又包括教材内容的动作方法、关键技术、育人价值等。相关体能是指完成该动作学生必须具备的体能基础，以及身体敏感期的体能发展。理论依据是指单元教材内容的动作力学原理、动作编排、动作要求等相关知识。

学情分析包含认知水平、身心特点和能力水平三个方面。其中，学生的认知水平主要是通过问卷、测试、访谈等方式了解和掌握学生目前已经具备的、与本单元教学内容相关的知识经验与技能水平等，从而确定合适的教学起点，这是保证教学效果的基础。学生的身心特点是指根据学生的学习兴趣、学习态度、学习习惯、心理和生理等方面，对完成本单元教学任务作具体的分析。学生的能力水平主要是分析学生学习新知识与新技能时可能遇到的问题，并根据学生的学习能力水平制定适宜的教学策略，以帮助学生掌握与提高动作技能水平。

教法分析是指在教材分析与学情分析的基础上，选择适切的教法，体现因材施教。教法的选择重点关注运用的时机与发挥的作用，应遵循学生的生理机能变化、动作技能形成等规律，科学合理地运用教法，促进每一位学生的发展。

单元教学问题链是指通过分析教材与学情、选择教法的操作路径，设计单元教学的一系列“问题链”，从而找到适切的教学途径，解决单元关键问题，完成单元教学任务，达成单元教学目标。

【案例分析】

“少年连环拳(1)”单元教材教法分析

1. 指导思想

本单元以“立德树人”和“健康第一”为指导思想，结合“初中体育多样化”的课程教学改革理念，根据武术结构化教学的要求进行教学，通过套路动作的多种学练，充分挖掘“少年连环拳(1)”的德育内涵，引导学生自主探究，合作学练，正确理解武术套路动作的攻防原理，并逐步养成积极进取的学习态度与习惯。

2. 教材教法分析

（1）教材分析

动作结构	相关体能	理论依据
动作方法：由起势并步抱拳、弓步冲拳、弹腿冲拳、马步冲拳、弓步左右推掌、按拦推掌、上架蹬腿、马步推掌共8个动作构成。 关键技术：动作规范，方法正确，劲力充足，用力顺达，力点准确，手、眼、身法、步法配合协调，节奏分明，精神饱满。 育人价值：体会武术中武德和民族精神的含义，培养顽强、坚韧不拔的意志品质。	武术讲究精、气、神、力的独特体现，对动作过程中的力度、劲法、力点都有要求。因此，既需要腿部等下肢肌群的瞬间力量，还需要身体具有一定的空间位置感、协调能力、平衡能力、速度和耐力等体能。	少年连环拳(1)是学校武术运动中的一种基本拳术套路，所涉及的基本手型是拳和掌，基本手法是冲拳和推掌，基本步型是弓步和马步，基本腿法是弹腿和蹬腿。整套动作舒展大方，简单易学。适合初中学生学练。

（2）学情分析

教学对象	认知水平	身心特点	能力水平
8年级学生	在6、7年级时学过拳术组合练习，有一定武术基本功。部分学生对武术运动表现出了较高的学习兴趣，喜欢模仿，但缺乏对武术动作攻防含义的真正理解。	本班学生正处在生长发育的关键时期，大多数学生具有模仿力与好奇心强的特征，但有部分学生自我约束能力较差，精神不易集中。对于相对直观、易模仿的学练环节兴趣较高。	男女学生在身体素质方面参差不齐。男生活泼好动，运动能力强，但是对学习基本技术的耐心不够。女生文静且不愿意多动，但在学练中能表现出积极、顽强的一面。

（3）教法分析

主要教学方法	运用时机与作用
多媒体教学	在教授新动作时，可利用体育馆大屏幕多媒体、展板等现代信息技术，演示学校武术套路动作，帮助学生理解动作的攻防含义等。在学练中可利用平板电脑的播放、拍摄、回放等功能，使学生学会借助多媒体进行观察、分析评价自己和同伴的学习情况，发现不足并加以改进，有助于较快地改进和提高动作质量。
合作学习法	在学练中，以两人或者多人的小组式学练为主要形式，让学生通过同伴互助、小组合作的学练氛围中相互纠错、互攻互防，既能有效提升技能和体能水平，又培养了合作交流和社会交往的能力。
问题导向法	在教授新知识与新技能时，让学生带着问题观察、分析、学练、讨论，从而解决本单元的关键问题，提高学生少年连环拳(1)技术动作规格以及在实战中的运用能力。

（4）单元教学问题链

少年连环拳单元教学问题链流程图见图6-1-1。

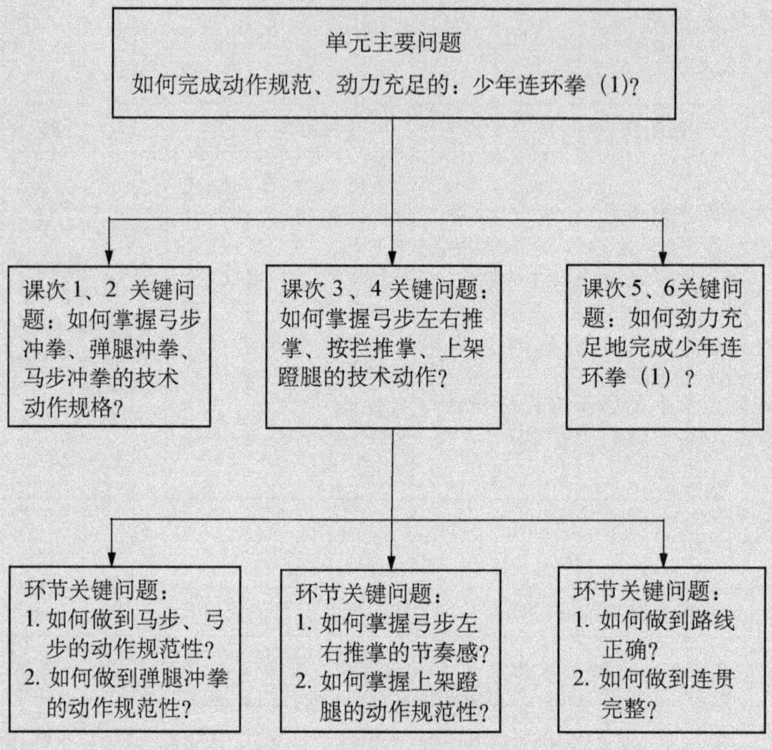

图 6-1-1　“少年连环拳(1)”单元教学问题链

二、单元教学目标

学校武术单元教学目标是指武术教学活动的主体在单元教学活动中所要达到的预期结果和标准。武术单元教学目标是对武术课程目标的分解，是武术课程目标的具体化，是单元教学设计中的核心元素，它比学校武术课程目标更明确、更具体。

(一) 单元教学目标的功能

学校武术单元教学目标是武术课程目标和武术学期教学目标的进一步分解，它是一种近期的目标，是落实学科核心素养的基本单位。武术单元教学目标虽然比较具体，但它不是分散的、孤立的，而是互相联系的，在整个教学目标体系中具有承上启下、前后关联的作用。科学合理设计武术单元教学目标，对实现武术课程目标具有决定性的作用。

(二) 单元教学目标的要素

武术单元教学目标一般包括知识技能、身体发展、心理发展、社会适应四个维度。完整的目标表述应体现行为主体、行为表现、行为条件和行为程度。行为主体要说明是谁学，单元教学目标的行为主体是学生；行为表现指学到什么，即学生知道或者能做什么，是预期的学习结果，这些学习结果可以通过具体的行为表现表述出来，预期的学习成果可以分为结果性目标（如掌握弹腿冲拳的动作规格）和表现性（体验性）目标（如马步架打的攻防含义）两类，行为表现是由行为动词表述，如掌握、学会、演示等；行为条件是指怎么学，即影响学习结果或者完成学习任务的特定限制或范围；行为程度是指反映学习的表现程度或结果达到的程度。

【案例分析】

"少年连环拳(1)"单元教学目标：

1. 了解武术礼仪、武术文化等相关知识，理解少年连环拳(1)中各动作的攻防含义，掌握其动作规格和基本技能；

2. 发展力量、柔韧、速度、灵敏等体能，提高身体协调能力；

3. 学练中表现出专注认真、超越自我、自尊自信和习武尚礼的体育精神；

4. 在小组合作学习中，养成团结互助的优良品质和良好的交往能力。

三、单元学习活动设计

学校武术单元教学活动是在武术单元教学目标指导下，聚焦武术单元内容重点，突破单元学习难点，提升自主健身能力的实践活动。

(一) 单元学习活动设计的功能

武术单元学习活动是从单元教学目标出发，基于教材教法分析，根据学生学习需求，构建单元"主要问题"的框架，在此基础上提出"解决问题"的具体步骤与路径，为学生提供必要的、关键的武术学练活动的经历。

(二) 单元学习活动设计的要素

武术单元学习活动包括需要解决的问题、活动实施、评价要点等三个方面。教师在进行单元活动设计的过程中要围绕需要解决的单元主要问题和达成的目标，创设合理的活动情境，学生在活动中根据目标和任务扮演活动的角色，以满足学生的心理需求，并符合健身实效原则。

【案例分析】

6 年级拳术组合的活动设计

根据 6 年级拳术组合"动作规范、劲力顺达，组合动作连贯"的单元教学重点，确定了"如何做到动作规范、有力"的单元基本问题，为解决单元基本问题，设计以下 3 个单元主要学习活动。

一、主要活动一

(一) 需要解决的问题

1. 如何做到动作规范？

2. 如何做到劲力顺达？

(二) 活动实施

1. 观看基本手型和步型的动作视频或者挂图，帮助学生建立正确的动作概念；

2. 教师在动作示范过程中语言精练、清晰，示范面的选择要合适；

3. 组织学生每节课练习基本手型和步型，提高学生的武术基本功；

4. 学生在教师或者体育骨干的带领下，学练武术的单个动作和套路动作；
5. 小组合作学练，相互学习、相互纠正，掌握完整的拳术组合动作；
6. 在学练过程中，让学生理解和掌握动作的攻防含义和发力点。

（三）评价要点

手型与步型规范，劲力顺达，学练积极。

二、主要活动二

（一）需要解决的问题

1. 如何做到单练和对练组合动作的连贯性？
2. 如何掌握单练和对练的节奏？

（二）活动实施

1. 教师示范与领做，让学生在模仿练习中逐步掌握动作的节奏；
2. 两人一组进行对练练习，动作要连贯，配合要默契；
3. 学生理解动作的攻防含义，掌握动作的发力点；
4. 教师巡回指导，重点关注基础薄弱学生；
5. 学生进行展示，掌握单练与对练的节奏；
6. 师生共同评价，学生进行改进性练习。

（三）评价要点

动作连贯协调，对练默契。

三、主要活动三

（一）需要解决的问题

1. 如何增强自信心？
2. 如何在对练时进行有效的拆招与喂招？

（二）活动实施

1. 两位同学固定搭档配合，反复练习，增强两人间的默契度；
2. 组织学生分组展示与评价，鼓励学生勇于表现；
3. 教师巡视，个别指导；
4. 利用多媒体的录制与回放功能，改进提高技术动作；
5. 教师讲解拆招与喂招的练习要求，帮助学生理解攻防的含义；
6. 教师加强武德教育，增强民族自豪感。

（三）评价要点

动作规范，劲力顺达，手眼配合协调，对练默契，表现力强。

四、单元评价设计

武术单元评价是根据武术单元教学目标为依据，运用科学、合理的评价工具，通过系统收集、分析、整理信息，对武术单元学习的过程与结果进行的价值判断和反馈。它是依据一定的标准和方法进行价值判断的活动，是促进学生达成学习目标的重要手段。

（一）单元评价设计的功能

通过武术单元评价，可以客观反映学生的体育学习结果，帮助学生、教师进行回顾与反思。运用学习评价功能，能甄别学生在武术学习过程中的长处和不足，分析产生的原因，引导学生认识不足，及时进行改进与提高，体现以评价促学生发展的作用。

（二）单元评价设计的要素

学校武术单元评价以定性评价为主，同时包含过程性评价和终结性评价。武术的定性评价就是对武术动作是否规范与连贯、劲力是否充足等方面做"质"的分析，以描述性为主。在教学过程中根据需要选择过程性评价和终结性评价。过程性评价指在教学实施过程中也可进行的评价，属于个体内差异评价，把每个评价对象个体的过去与现在进行比较，既注重过程也注重结果，是对课程实施的学习动机、过程和效果的三位一体的评价。终结性评价是在教学活动结束时为把握最终的活动成果而进行的评价，目的是检测单元学习是否达到教学目标的要求，注重教与学的结果。

【案例分析】

1."少年连环拳(1)"单元终结性评价表

学生姓名		评价者		日期	
等级评价	评价标准				
优秀	熟练完成整套动作，手型与步型准确，劲力充足，节奏分明，动作连贯，路线正确。				
良好	较熟练完成整套动作，手型与步型准确，劲力较充足，节奏较分明，动作较连贯，路线正确。				
合格	能完成整套动作，手型与步型基本准确，劲力基本充足，路线正确，有一定的节奏感和连贯性。				
有待提高	不能独立完成整套动作，手型与步型不够准确，劲力不足，节奏不明，动作不连贯。				

2."少年连环拳(1)"单元过程性评价

学生姓名		评价者		日期	
评价内容	评价要点			评价结果	
兴趣	你喜欢学习少年连环拳(1)吗?			☆☆☆☆☆	
	你学练少年连环拳(1)时感受到愉悦吗?			☆☆☆☆☆	
学练	你明确少年连环拳(1)技术动作的规格和攻防含义吗?			☆☆☆☆☆	
	你能克服困难、敢于展示吗?			☆☆☆☆☆	
表达	你在学练中与同伴沟通流畅吗?			☆☆☆☆☆	
	你与同伴对练时默契吗?			☆☆☆☆☆	

五、单元资源设计

武术单元资源是指以达成武术单元目标为导向，为有效开展教学活动所设计、开发与使用的相关资源。武术单元资源设计要求体育教师充分挖掘各种资源的潜力和深层价值，为整个武术单元的教学过程提供支撑。

（一）单元资源设计的功能

武术单元教学资源是武术教学的重要组成部分，其丰富性和适切性程度最终决定了武术单元教学目标的实现水平。同时，武术单元教学资源的开发和利用对于改善学习方式具有重要意义。例如，多样的资源可以为学生开展自主学习、合作学习和探究学习提供支撑，从而激发学生的学练积极性和主动性。

（二）单元资源设计的要素

体育资源的内容很丰富，有教学内容的资源、人力资源、体育器材和场地资源、数字资源等。因此，武术单元教学资源设计包括资源设计、资源运用以及所要解决的问题。它是以武术单元目标为导向，根据武术教学内容的特点、学生的身心特征、个体差异等情况，择优使用优质资源，并对资源进行整体设计，充分发挥资源的整体效益。

【案例分析】

目标指向	资源设计	资源应用	解决问题
单元目标	多媒体视频资源	1. 观看武术单元教学视频。 2. 学生利用平板电脑拍摄两人对练的配合过程，通过回放来分析自己和同伴对练中存在的不足。	1. 帮助学生建立正确技术动作的概念，激发学练兴趣。 2. 让学生掌握技术动作的规格与攻防含义，明确两人对练中存在的不足与改进的措施。
	场地器材资源	在弹腿冲拳学练时，利用脚靶等辅助器具，为学生提高冲拳力度、弹腿高度和力点提供目标	提高弹腿冲拳动作的规范性和冲拳的力度，又能激发学生学习的热情

第二节 课的设计与课时计划

一、课的设计

武术课的设计是依据武术单元教学设计，以优化教学效果为目的，通过一套具体的操作程序，使各教学要素之间有机结合的过程。在设计中，要运用系统化的方法思考如何组织一节武术课的教学，全面分析武术教学过程中的各个环节，切忌孤立、片面地处理教学中的具体问题，要形成系统的教学实施方案。

（一）课的设计功能

武术课的设计更强调将理论与方法运用到教学实践中，使武术教学活动建立在系统理论的基础上，让武术教学手段与方法成为可操作、可传授的方法体系和程序。简而言之，“课的设计”是实际教学的缩写，好的“课的设计”应该是有章可循、条理清晰，能反映出教师教学思维的逻辑性及其对课堂的掌控意识，也是提高教学效率的重要途径之一。

（二）课的设计要素

武术课的设计要素一般包括指导思想、教材分析、学情分析、课的教学目标、课的重难点、教学流程或环节、教学策略、预计出现的问题与解决方法等等。“课的设计”虽然没有固定的模式，但有其相关的基本理论与方法。教师可以发挥自己的创造力，并通过武术教学课的实践与反思，不断地分析、修正、创新与总结，为备好课时计划（教案）奠定坚实基础。

1. 指导思想

培养学生运动能力、健康行为和体育品德的体育学科核心素养是“课的设计”的指导思想，这是“课的设计”的宏观视域。从微观视域来说，武术课的指导思想是从各教学要素的角度，分析武术的教学需求和教学中存在的问题，选择和确定解决这些问题的策略、方法、手段、步骤和评价等，旨在统领、厘清整节课的设计思路。

2. 相关分析（教材与学情分析）

备教材主要包含教材的价值（教育价值、健身价值）、教材的特点（技术特点、负荷特点、教学重点分析）两个方面。武术课“课的设计”中的教材分析主要包括该节课中涉及的动作结构、动作方法、动作的关键技术、动作锻炼的价值等，并思考如何将教材内容转化为学生容易接受的教学内容，解决“教什么”的问题，这是做好该节课教材分析的关键之处。

备学生主要包含学生的基础（技能与体能基础）、学生的心理特点以及学生的学习能力水平。武术课“课的设计”中的学生情况分析是教学设计的重要环节，这一环节可为教学目标确定、教学内容选配、教学方法的运用、教学的组织形式、学习活动等方面提供可靠的依据。因此，教师要根据学生的身心特点、体育基础（尤其是前面几节课的学习情况）、学习态度、学习新技能可能会遇到的问题进行分析。只有清楚每一位学生基本的学习情况，才能确定合适的教学起点和终点，以及教学活动的进度，才能选择最佳的教学策略和方法手段。

3. 教学策略

选择教学策略是设计的重点环节之一。它包含备教师、备教法、备负荷、备资源等多个方面。它是在本节课的教学目标、教学内容以及掌握学生具体情况的基础上，有针对性地选择和采用某种或组合式的教学策略。

【案例分析】

传承武德，强健体魄

——8年级少年连环拳（6-2）课的设计

一、指导思想

本课坚持立德树人教育根本任务，贯彻健身育人学科理念，以培养学生武德和掌握武术动作规格为目标，运用小组合作式、启发式等多种教学手段，激发学生武术学习的兴趣，掌握少年连环拳中弹腿冲拳的动作规格，培养学生团结合作、积极向上的竞争意识，提高民族传统文化自豪感和传统文化修养，促进学生身心全面发展。

二、相关分析

1. 教材分析

本教材选自上海市8年级《体育与健身》基础内容Ⅰ的武术教材内容，弹腿冲拳是武术少年连环拳套路中最基本的动作。通过演练，能发展速度、力量、灵敏和协调性等体能，培养坚韧不拔、积极进取的精神，达到强健体魄，防身自卫的目的。它包含了弓步和马步的步型、拳和掌的手型等。本课是单元六课次中的第二课次，重点是弹腿冲拳的动作规格，做到动作舒展，发力顺达。

2. 学情分析

通过上节课学习弓步、马步、手型等基本动作情况来看，有一半学生在做弓马步时存在动作不到位的现象，武术基本功较差，男生柔韧性较差，女生力量欠缺，且注意力容易分散，但他们对武术学习非常感兴趣，在学习弹腿冲拳时，可能有部分学生无法掌握弹腿动作的发力点。通过针对性的练习，努力让学生体会和掌握弹腿动作的发力点，提高武术基本功，做到手到眼到，劲力顺达。

三、教学策略

1. 明确任务，激发兴趣

在学习少年连环拳的第一组动作时，利用脚靶器材、讲解攻防含义等手段，激发学生学习武术的兴趣，并通过任务布置、问题导向等方法，让学生在完成学练任务的同时，带着问题进行练习，帮助学生掌握动作规格，体会发力顺序，并适时插入一些防守练习，来调动学生学练的积极性。

2. 创设情境，自主学练

在课堂中创设利用多媒体、图片以及两人一组攻防演练的情境，让学生在学练中领悟攻防的含义以及动作的路线规格。通过自主学练，在模仿与纠正性练习中掌握弹踢冲拳动作的技术要领，在与图示对照时，能发现问题并自行纠正。

3. 弘扬武德，传承文化

重视对学生武术道德的培养，结合“以武立德”教育，以我国武术名家或耳熟能详的武打影视明星的事例作为引导，结合抱拳礼等技能传授，弘扬与传承传统文化。

二、课时计划

武术课时计划（教案）是教师为顺利、有效地开展武术教学活动，根据课程标准、教材及学生的实际情况，以课时为单位，对教学内容、教学步骤、教学方法等进行具体设计和安排的一种实用性教学文书。

（一）课时计划的功能

课时计划（教案）是备课结果的书面呈现，课时计划能很好地体现教师对武术课教学的构思。它既是课堂教学的依据，也是体育教师的一项基本功，更是提升课堂教学质量的重要抓手。

（二）课时计划的要素

武术课的课时计划主要包括基本情况（标题、学生信息、上课日期、课次、教师信息）、内容主题、课时学习目标、重难点、教学内容、教与学的活动、组织与队形、运动负荷、课序、时间分配、运动负荷、场地器材、安全保障和课后小结等18个要素。

1. 基本情况

包括标题、年级、班级、学生人数、执教教师、上课时间、周次与课次。

2. 内容主题

包括主教材内容与体能练习。

3. 学习目标

课的学习目标是围绕课程目标与单元目标，对学生通过学练要达到的行为状态做出具体、明确的描述，设定学生学习结果的预期。武术课的学习目标与体育课的目标是一致的，分为知识技能、身体发展、心理发展与社会适应等四个维度。制定教学目标时，要尽可能用可以观察和测量的行为词语清晰地陈述目标。良好陈述目标的标准是：一是学习目标陈述的是学生的学习结果，不应该陈述教师做什么，应陈述通过教学后学生会做什么；二是学习目标的陈述应力求明确、具体，可以观察和测量，尽量避免用含糊的和不切实际的语言陈述目标；三是学习目标的陈述反映学习结果的层次性。

4. 课的重难点

教学重点是指教学内容本身固有的、最关键的知识技能和运动能力，在教学中必须要让学生理解的和掌握的，它是客观存在的。教学难点是指在关键知识、关键技术上学生难以掌握的、容易出错的或产生心理障碍现象的，它是主观存在的，需要教师在教学中重点突破的。

5. 教学内容

（1）开始准备部分

开始部分：就是在较短的时间内，迅速将学生组织起来，集中注意力，明确内容与要求，调动学生学习的积极性，使他们精神振奋，情绪活泼地开始一堂课的学习。

准备部分：一般性的准备活动主要是让全身主要肌肉群、关节、韧带得到充分的活动，减少受伤的概率。专门性的准备活动主要是完成与主教材的有关肌群、关节、韧带和器官的活动，内容有模仿练习、辅助练习或诱导性练习。

（2）基本部分

基本部分是武术课的核心。导入练习可根据学生已有的生活经验与学习基础，选择与主教材新授内容紧密相关的学习内容，以便学生能在较短的时间内掌握新技术、新技能。在新授武术教学内容设计时，应根据课的目标、武术教学内容的特征和学生的特点，正确地选配与安排一些必要的辅助练习、诱导性练习，或者采用分解练习、完整练习等方法，帮助学生逐步掌握动作技能。同时，每节课应安排8～10分钟的体能练习，提高学生的基础体能。体能练习要注重全面性（上下肢与腰腹核心部位、力量、灵敏爆发力等多样化的体能）。

（3）结束部分

放松练习要达到让学生的肌肉得到有效拉伸、心率逐渐恢复到相对安静状态的目的。通过师生小结让学生明确下阶段需要努力的方向，布置回收器材任务旨在培养学生的责任感。

6. 教与学的活动

主要描述教师的教法、学生的学法和教学要求。在教与学的活动中，要体现“因材施教、因法施教”。通常用“◎”表示教师的教学行为，用“◇”表示学生的学习行为，用“?”表示学习的问题，用“☆”表示教学要求。

7. 组织与队形

要合理组织学练活动，如教师示范时，组织队形要确保学生能看清楚教师的示范。队形之间的衔接变化自然，以减少不必要的队伍调动，浪费时间。

8. 课序与时间分配

合理安排课的各个部分的教学时间，是掌控一节课的重要环节之一。以40分钟的课堂为例，开始部分1～2分钟，准备部分6～8分钟，基本部分25～28分钟（主教材不少于18分钟），结束部分3～4分钟。

9. 运动负荷

合理安排运动负荷能使学生学习和锻炼的效果达到最佳。备运动负荷时，一是要基于学情，控制好运动负荷，运动负荷过大会影响身体健康，运动负荷过小则达不到锻炼的效果。一般而言，高中生一节课中的平均心率应在140～160次/分，初中学生在（220－年龄）×（50%～75%）次/分。教案中的练习时间是指一个学生的练习时间，计算内容主题密度时应包括体能练习时间。

10. 场地器材

在课前要针对性地做好场地器材的布置工作，根据教学需求，充分利用好学校的场地器材资源。必要时，做好自制器材与教具、多媒体设备的准备与使用工作，为达成教学目标和提升教学效率提供强有力的支撑。

11. 安全保障

在教学中，要充分考虑安全因素，做好安全保障措施。一是要落实课堂常规，二是要做好准备活动，三是课前要检查场地器材，四是要安全提示。

12. 课后小结

课后小结是一份完整教案不可缺少的组成部分。教师应在课后将本课教学目标的完成情况、主要优缺点以及改进的方法进行小结，为后续备课和教学提供反馈信息，以提高自身专业能力和课堂教学质量。

【案例分析】

上海市××中学《体育与健身》课时计划

年级	8年级	人数	39	日期	10.28	执教	×××
班级	8	组班形式	自然班	周次	8	课次	3
内容主题	武术：少年连环拳(6－5)			重点	劲力顺达、动作连贯		
				难点	动作规格		
学习目标	1.复习少年连环拳(1)的套路动作，80%的学生能够连贯地完成整套动作，做到劲力顺达；20%的学生能在教师或同伴的提示下较连贯地完成整套动作。 2.通过单练、对练以及体能练习，发展力量、灵敏、协调等体能。 3.在两人一组和小组学练中，表现出克服困难、积极进取、团结合作的良好品质。						

课序	时间	教学内容	运动负荷 次数	运动负荷 时间	运动负荷 强度	教与学的活动 (◎教 ◇学 ☆要求)	组织与队形
一	1’	一、课堂常规 1.体委整队，报告人数 2.师生问好 3.宣布课的内容与要求 4.安排见习生				◎问候学生、集中学生注意力、引入主题 ◇明确课的内容和要求 ☆动作要快、静、齐	组织：四列横队 队形： 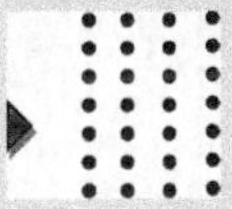
二	7’	二、热身运动 1.热身跑	1	2’	中	◎提出慢跑步的要求 ◇在组长带领下慢跑 ☆注意呼吸节奏	组织：两路纵队
		2.武术基本功练习	1	4’	中	◎提出弓马步、拳掌的要求 ◎教师口令，提示要领 ◇听口令学练，仔细观察与模仿 ◇反复练习 ☆动作到位，劲力充足 ☆精神饱满	组织：体操队形展开
三	23’	三、武术：少年连环拳(1) 1.复习少年连环拳(1)整套动作	2	3’	中	？如何连贯完成整套动作 ◎提示少年连环拳1的关键技术，提出分组练习要求 ◇在组长带领下分组练习 ◎巡回指导，及时纠正错误动作 ☆明确要求，认真参与 ☆相互纠正	组织：四个小组在组长带领下分散练习 队形： 
		2.集体演示少年连环拳(1)	1	1’	中	◎鼓励学生积极进行集体演示，并拍摄学生的演示情况 ◇分组积极参与集体演示	组织：以小组为单位 队形：散点
		3.分组、分层练习	1	5’	中	◎◇集中观看动作演示视频回放，诊断问题，并提出改进建议 ◎要求学生根据存在的问题，针对性地选择纠正练习方法 ◇明确自身存在的问题，采用合适的手段进行改正 ◎教师巡回指导，关注薄弱学生	组织：分4个小组 队形： 区域1　区域2 区域3　区域4

续表

课序	时间	教学内容	运动负荷			教与学的活动 (◎教 ◇学 ☆要求)	组织与队形
			次数	时间	强度		
		4.评比与展示 (1) 分组比一比 (2) 集体口令下展示 (3) 集体音伴下展示	1	2’	中	☆改进练习有针对性 ◎提出评比要求,鼓励各组在展示中变换队形等要求 ◇组长带领下积极展示 ◎◇交流与反馈评比结果 ☆进一步巩固和提高动作技术要求;集中学习,注意聆听,分组学练,相互提醒 ☆要有自信心与表现力	组织:以小组为单位 队形: 
四	6’	四、体能练习: 4站式循环训练 1.开合跳 2.深蹲跳 3.俯撑摸肩 4.仰卧“剪刀腿”	1	5’	大	◎提出练习要求,鼓励学生认真练习,坚持到底 ◇积极投入到体能练习中去 ☆动作到位 ☆克服身体疲劳,坚持完成任务	组织:分四组循环练习 队形: 
五	3’	五、放松与小结 1.拉伸放松 2.小结交流 3.师生道别 4.归还器材		1’	小	◎讲解示范放松练习的方法 ◇集体进行放松练习 ◎教师总结本节课的学习情况 ☆身心放松,轻松愉快 互动交流,相互激励	组织:四列横队 队形: 

场地器材	1.室内篮球馆 2.大屏幕 3.平板电脑设备4个 4.脚靶8个	安全保障	1.检查器材,合理布置场地; 2.做好充分的准备活动; 3.练习时保持合理间距,加强安全教育,强化自律意识。	
		预计	练习密度		强度
			全课	内容主题	中上
			60%	54%左右	

课后小结	我在课中充分关注了学生的个体差异,运用合作学习、纠错练习等形式,让学生在学练中学会观察、学会思考、学会交流,在纠正与改进武术技术中不断提高武术动作的规格,在展示与评比中体验成功的快乐,也增强了学生的自信心。整堂课中学生锻炼积极性高,课堂气氛活跃,实现了预定的教学目标。但也存在一些不足,如没有更好地将攻防含义与套路学练有机融合,需要在今后的教学中加以改进。

第三节 模拟上课的设计与演绎

一、模拟上课的设计

武术模拟上课,顾名思义就是模仿武术的真实课堂进行的教学,是指通过教师的语言讲解、肢体表达、动作示范、组织走位等将体育课在没有学生的情况下，用虚拟的形式表达上课的全过程。模拟上课通常也称为试讲，一般是为了真正课堂教学而准备，目的是演练语言表达，模仿动作示范与讲解，演示教学机智转换，演绎场地器材的利用和时间的把握等，它与真实课堂教学的根本不同点就是没有学生，是教师一个人进行的课堂模拟教学。随着对模拟上课研究的不断深入，也出现了有生模拟上课、单元模拟上课等形式，旨在能对听课老师带来更多的借鉴作用。

（一）模拟上课的功能

模拟上课作为教研活动的一种形式，既是对上课、说课等教学形式的补充，也是一种高效的体育教学研究方式。模拟上课既可以是正式上课前的备课环节之一，也可以是正式上课、评课、反思后的再演绎，对真实课堂中所有教学程序通过模拟形式虚拟地展现出来，为研究教学环节、教学语言、教学示范、学法指导、教学方法与手段、教学组织调动、教学评价等一系列影响课堂教学效果因素的合理性提供的研究平台。

（二）模拟上课的要素

模拟上课虽不是真实的课堂教学，但其所有程序和要求与真实的课堂教学都是相同的。如完整的教学设计（导入、过程、反馈等），情景和问题的创设及运用，教学方法和教学手段的选择和运用，练习次数等。在授课方式上，模拟课堂要求教师针对一系列有关学生在学习过程中所遇到的问题、队伍的调动、安全活动教育、学生在练习时存在的不足、教学目标的达成度等应该用少量的肢体语言和较多的文字语言一一表述出来，并对课堂教学每个环节和学习步骤进行巧妙的衔接和过渡，使模拟课堂看似浑然一体、真实完整。

模拟课

【案例分析】

武术：徒手拳术单练模拟上课教案

学校：×××中学		执教：×××		日期：×××
内容主题	武术：徒手拳术-单练(5-1)			
教学流程				
课序时间	环节	教与学的过程	组织队形/教学资源	设计意图与说明
一、相关说明和讲解 1’	相关说明	（单元规划的课次、内容主题、授课对象、班级人数、组织形式） 本课执教内容是武术徒手拳术单练，课次 5-1，教学对象是 6 年级 1 班，男女合班，人数为 36 人。		

续表

课序时间	环节	教与学的过程	组织队形/教学资源	设计意图与说明
一、相关说明和讲解 1’	教学目标重点难点	(教学目标、教学重点和难点的讲解) 本课教学目标: 1.通过观看教学视频和图片,80%的学生初步掌握抱拳礼、基本手型、步型的规范动作,建立正确的动作概念,了解武术礼仪和部分武术谚语文化内涵。 2.通过手型和步型练习,柔韧、速度、力量等体能。 3.通过集体和小组合作学练,培养团队意识和遵守规则、文明礼貌的优良品质。 教学重点:手型和步型的动作规格 教学难点:重心的把握		1.了解相关武术礼仪和武谚内涵,树立正确的武术价值观; 2.六年级学生虽然在小学阶段学习过五步拳,但在基本手型和步型上,动作质量有待提高,课前热身要多练习弓、马、仆步和掌、拳、勾; 3.通过集体和合作学练,增强团队意识和同伴间的交流能力,提高武术动作质量
二、学习起势动作、弓步顶肘、弓步冲拳 9’	环节一: 1.观看徒手拳术视频和挂图 2.跟着教师集体模仿练习 3.分八小组合作学练 4.小组展示与评价	◎教师播放教学视频,语言引导,让学生感受武术的博大精深。 ◇学生认真观看,主动思考 ? 这套拳的名称 ? 我该如何学习 ◎教师讲解示范抱拳礼动作要求 ◇学生集体模仿练习 ◎教师示范讲解起势、弓步顶肘、弓步冲拳练习重点,并带着学生一起练习 ◇学生集体模仿练习 ◎教师巡回指导,纠正错误动作,鼓励和表扬掌握好的学生 ◇学生在组长带领下进行改进动作质量练习 ◇学生小组展示 ◎师生互评优缺点 ☆抱拳礼精神饱满,弓步腿平立腰,顶肘、冲拳力点明确	队形 1:四排横队,左右间距拉开  队形 2: 	1.利用平板电脑和挂图,让学生直观地理解徒手拳术单练完整及单个动作的规范要求; 2.通过完整—分解—完整的教学步骤,帮助学生建立正确的动作概念,降低对组合动作学练的畏惧心理; 3.教师示范位置要多变与合理,尽量避免学生“侧头看”、“回头看”; 4.培养骨干的组织能力,提高同伴间的交流能力,一对一、一对三地相互指导学习,不断改善动作质量; 5.通过小组展示,培养学生的自信心,培养勇敢果断、遵守规则的意识,教师评价以激励和表扬为主

续表

教学流程				
课序时间	环节	教与学的过程	组织队形/教学资源	设计意图与说明
三、擂台比武 1’	环节二：抱拳礼—马步抱拳—弓步抱拳—仆步抱拳	◎教师讲解示范比赛的方法，鼓励学生积极挑战自我 ◇学生展示 ◎教师评价 ☆要求：展示的学生勇敢自信，观看的学生认真看、听、思	队形：四排横队盘膝而坐，展示者上前展示	通过擂台比武的形式，树立正确的动作概念，改善动作质量，培养学生勇敢自信、遵守规则的优良品质，激发学生对武术运动的兴趣
四、体能练习 1’	马步冲拳10次；弓步推掌10次；仆步穿掌5次；俯卧撑20秒	◎教师讲解示范体能练习的方法和要求 ◇学生积极参与学练 ☆评价：遵守规则，积极参与	队形：四排横队，左右间距拉开	通过练习提高学生武术基本功，发展学生体能

二、模拟上课的演绎

（一）模拟上课的特点

模拟上课只有教师和虚拟学生教和学的双向互动交流，最大限度地强化了教的过程，它不受时间、空间、天气、器材和人数的限制，不需要特定的教学场景，具有一定的可操作性。因为没有学生直接参与教学活动，模拟上课缺少了课堂生成性教学场景，更多地关注教学预设方案的呈现和教师驾驭课堂的能力，整个过程是教师一个人在演示，因而模拟上课具有一定的表演性。

（二）模拟上课的要素

1. 目标要素

一般在模拟上课前，上课教师首先是简述模拟上课的内容、单元课次、教学对象、重难点，包括教学目标，让评委或看课者清楚了解课的教学意图，便于分析与评价模拟上课。在模拟上课的演绎过程中，应该围绕目标展开教学，体现目标引领教学内容的教育思想。

2. 教学要素

模拟上课，就是模仿真实课堂进行教学，所以，模拟上课老师必须具有教学意识，应当采用课堂教学语言实施教学，同时还要辅之以自然的表情和必要的肢体动作，其中有武术动作示范、讲解、口令指挥、保护与帮助的安排、目标达成度评价等等。作为一名体育教师，模拟演绎中还需要阳光自信、身姿挺拔、态度和蔼、亲切自然的外在形象。

3. 学生要素

模拟上课的课堂上尽管没有学生，但上课教师依然要具备对象意识，即学生意识。在整个教学过程不能一讲到底，应当有一定的自主练习、观察交流、师生互动和必要的学生示范及反馈评价，充分给予学生自主的学习时间与空间，体现学生学习的主体意识。例如，把课堂上需要学生自己练习、观察、帮助、讨论、评价的部分照样讲出来，只是把学生真正去做的那部分时间省略即可，偶尔还可以假设他们已经完成，并给出合适的评价。

4. 层次要素

所谓层次意识就是每个教学环节与过程要演绎清楚，层次分明。模拟上课不是说课，上课教师应按上课的正常顺序演绎，层层深入，步步为营，遵循动作技能形成规律与学生生理机能活动变化规律，要让看课者明白整个教学过程以及学生练习的具体时间与次数。教学情景创设需直观，问题要突出，重点与难点的解决过程要实效。做到层次清晰、重点突出、技能学习与体能发展相结合、育体与育人相结合。

5. 时效要素

模拟上课时间一般在10～12分钟，由于教学时间有限，因此要尽可能突出重点的教学环节。有些较长的过程可以起个头，后面可以省略，让评委或看课者明白设计意图即可。如准备部分中的徒手操可以省略；再如，"下面请同学们按照刚才教师示范的要求自己练习冲拳，注意冲拳的动作路线与力点，开始练习！……停！刚才同学们练习很认真，不过……"同时，教师讲解要做到言简意赅，清晰明了。

（三）模拟上课的策略

在模拟上课时教师要有清晰的教学思路，情景创设需直观，问题导向要凸显，问题解决要有实效，重点要突出，对主教材的重点内容要详细演示。在教学中要突出教学活动中的主要矛盾和本质特征，对次要的非本质因素的内容要摒弃。例如，一位教师在模拟上课时，在准备活动中，把每一节准备操(4个8拍)一一展示，这是没有抓住主要问题的体现，把大量的时间浪费在非本质因素上。实际上，此环节完全可以示范为1个8拍或一句话带过。因此，模拟上课切忌面面俱到，要抓住课的重点。

（四）模拟上课与说课的区别

1. 性质上的区别

说课重在体现教师的教学理念和构思，对教材的理解和把握、重难点的突破以及教学过程的思考与设计上，无论是思维方式还是描述语言都表现得更为理性。模拟上课则更多地考虑学生情况，预估课堂实际情况，更接近于真实课堂，侧重于对教师实践能力的要求。

2. 内容上的区别

说课通常需要说教学内容、教学目标、教学重难点、教法、学法、教学步骤等，它不仅要说出"怎样教"，还要说清"为什么这样教"，要让听者不仅要知其然，还要知其所以然，比较侧重理性层面。模拟上课是为完成教学目标和任务而进行的施教与指导学生学习的虚拟操作过程，不需要向学生说明为什么这样教学的理由。它和真实上课的一般流程相同，是选取说课中的教学流程将其具体化，更侧重于实践性。模拟上课需要把40分钟的实际课堂浓缩在10～12分钟展现出来。

3. 评价标准上的区别

对于教师说课水平的评价主要从其教材分析、学情分析、教法设计、学法指导、说课技能等方面给予考察与评价。针对模拟上课的评价主要从教师的语言、动作示范、教态、教法等方面进行考察。

4. 语言上的区别

说课语言要求严密、精练，目的是与评委、同行切磋交流。模拟上课的语言则要注重启发引导，要有充沛的感情投入，以便于激发学生兴趣，帮助学生理解和掌握动作。

由于模拟上课“无生参与”的虚拟性，看似降低了上课难度，其实是对上课教师提出了更高的要求。它不仅需要教师对教材的深入钻研，也需要良好的虚拟课堂感知能力，能反映出教师平时课堂教学基本功的积累与沉淀。

课后思考

1. 简述武术单元学习活动设计的功能。
2. 武术单元学情分析主要包含哪些要素？
3. 武术单元教材分析主要包括哪三个方面？简要阐述这三方面所要分析的要点。
4. 以十步拳为例，设计一份单元教学设计。
5. 备教材主要包含哪些内容？
6. 课的设计一般包含哪些要素？
7. 以少年连环拳为例，设计一份课时计划。
8. 什么是模拟上课？
9. 模拟上课的要素有哪些？
10. 简述模拟上课与说课的区别。
11. 以新编长拳为例，设计一份模拟上课的教案。

第七章

学校武术运动技能等级评价

章前导言

学校武术运动技能评价是学校武术教学工作的一个重要组成部分，是对武术教学活动及其效果的评价判定。它直接影响教学活动的各个方面，从整体上控制、调节武术教学活动的进行，保证武术教学活动向预定的目标发展。因此，本章以"青少年武术运动技能等级标准"为依据，主要围绕武术套路技能评定的组织与实施方法，对一～六级技能的评价内容与标准进行了重点介绍，为学生开展中小学武术技能达标、勤练、常赛提供参考依据。

学习目标

- 了解学校武术运动技能等级评价的组织与实施方法。
- 理解学校武术运动技能等级评价内容与标准。
- 掌握学校武术运动技能等级评价要求和方法。

第一节　学校武术运动技能等级评价组织

一、场地与器材设备

(一) 场地

竞赛标准场地，长 14 米、宽 8 米，其周围至少有 2 米宽的安全区。空间高度不少于 8 米。

(二) 器材

桌椅 5～7 套、举分牌 3～5 套、秒表 1 个、卷尺 1 个、直尺 1 个、摄像机 1 台、三脚架 1 副、记录表 1 份。

（三）设备

医用急救包1套，全程录像设备1套，专用电脑2台，配备网络接口，并保证网络畅通。

（四）人员

主考官1～2名，考官3～5名，检录员1名，记分员1名，助考若干名（根据测试规模大小配备）。

二、技能等级评价的总体要求

（一）总体规则

被测试者首次申请测试可从任一等级开始，但应对自己的水平有一定预估（可参考现武术段位等级、运动级别与技能等级所对应的关系，见表7-1-1）。首次测试通过后方可申请高一等级的测试，不通过者至少降一个等级重新申请。

表7-1-1　学校武术运动技能等级与现有武术运动等级之间的对应关系

等第	级别	技术要求	段位与运动级别	备注
入门	1级	初步掌握综合技术	段前一级	
	2级	基本掌握综合技术	段前二级	
	3级	较好掌握综合技术	一段	
提高	4级	初步掌握武术套路技术	二段或相当于三级运动员	
	5级	基本掌握武术套路技术	三段或三级运动员	
	6级	较好掌握武术套路技术	四段或相当于二级运动员	

技能等级评价内容分为“基本技能”和“专项技能”两部分。“基本技能”和“专项技能”的测试分别达到或超过规定的及格分者则视为通过该等级标准。每一级测试均采用“5+1”的形式，即申请某一等级的被测试者除了参加5项基本运动技能测试外，还应参加申请级别的专项技能测试（套路）。两部分内容均达到合格分数线后，方可通过所申请等级的测试。

基本技能测试每个指标及格分为10分，每个指标必须达到及格分方可通过基本技能测试：专项技能测试有不同级别对应的套路，其规定的及格分分别为：一级7分，二级7.4分，三级7.8分，四级8分，五级8.2分，六级8.4分。

测试动作以本案规定为准，违反本案动作规定将停止测试。基本技能测试有2次机会，取最好1次；专项技能为1次测试机会。学校武术运动技能测试科目见表7-1-2。

表7-1-2　学校武术运动技能各级测试科目一览表

等级	科目
一级	基本技能测试项目（原地左右正踢腿、掌卧撑、左右乌龙盘打、前滚翻、三级蛙跳），专业技能测试项目（五步拳）
二级	基本技能测试项目（原地左右正踢腿、掌卧撑、左右乌龙盘打、前滚翻、三级蛙跳），专业技能测试项目（十步拳）

续表

等级	科目
三级	基本技能测试项目(原地左右正踢腿、掌卧撑、左右乌龙盘打、前滚翻、三级蛙跳),专业技能测试项目(少林八步连环拳)
四级	基本技能测试项目(原地左右正踢腿、拳卧撑、左右乌龙盘打、侧滚翻、三级蛙跳),专业技能测试项目(少年拳第二套)
五级	基本技能测试项目(原地左右正踢腿、拳卧撑、左右乌龙盘打、侧滚翻、三级蛙跳),专业技能测试项目(初级长拳第三路)
六级	基本技能测试项目(原地左右正踢腿、拳卧撑、左右乌龙盘打、侧滚翻、三级蛙跳),专业技能测试项目(少年规定拳)

(二) 测试要求

1. 被测试者要求

被测试者需着武术表演服,武术运动鞋,充分热身,清楚测试的武术礼仪,知悉并掌握所测等级的武术技能。

从四级开始要求被测试者应具有一定的比赛经历。申请四～六级的测试须参加过县级及以上政府相关部门主办的比赛,或者以"标准杯"冠名的相应级别比赛,或者经"标准"委员会认定的比赛。

2. 考官要求

考官需着专用武术裁判服;认真检查测试场地、器材及设备;提醒被测试者做好充分的准备活动。

一～六级主考需具有一级及以上武术裁判员证书,考官需具有二级及以上武术裁判员证书,或由"标准"委员会认定。所有考官均应无不良执裁记录。

3. 测试点要求

必须保持场地干净、整洁、卫生、明亮,无可能造成伤害事故的坚硬物件或其他安全隐患,必须有安全出口和紧急疏散通道。整个测试过程须全程录像。

第二节　学校武术运动技能等级评价内容与标准

一、基本技能评价内容与标准

(一) 原地左右正踢腿

1. 测试要求

两脚并步站立,两臂侧平举,两手立掌,上体直立。

2. 测试方法

考官发令时即计时开始,左脚向前上半步,左腿支撑,右脚脚尖勾起直腿向前额处猛踢，两眼向前平视，左右腿交替上踢。

左右腿共完成20次。支撑腿和摆动腿伸直，膝关节内角度小于45°被视为无效动作；躯干前倾大于45°被视为无效动作。

一～三级左右腿脚跟过胸记数，不过胸的踢腿被视为无效动作；四～六级左右腿脚跟过肩记数，不过肩的踢腿被视为无效动作。

3. 评分方法

完成20次正踢腿所用的时间为被测试者的测试成绩，合格标准参照基本技能合格线一览表(表7-2-1)。

表7-2-1 各级基本技能合格标准表

等级	正踢腿(男/女)(秒)	俯卧撑(男/女)(次)	乌龙盘打(男/女)(秒)	滚翻(男/女)(秒)	三级蛙跳(男/女)(米)
六级	31.98/31.07	13/10	36.27/44.15	25.25/31.63	5.84/5.12
五级	36.68/35.27	5/5	42.16/50.02	30.88/37.60	5.33/4.80
四级	41.38/39.47	5/4	48.05/55.89	36.51/43.57	4.82/4.48
三级	46.08/43.67	4/3	53.94/61.76	42.14/49.54	4.31/4.16
二级	50.78/47.87	3/2	59.83/67.63	47.77/55.51	3.80/3.84
一级	54.54/52.07	1/1	64.54/73.5	52.27/61.48	3.39/3.52

4. 易犯错误

(1) 支撑腿和摆动腿弯曲，膝关节内角小于45°。

(2) 身体躯干前倾，前倾大于45°。

(二) 俯卧撑(掌/拳)

1. 测试要求

双臂分开，比肩略宽，以掌心(拳面)支撑地面；脚尖支地，用腰腹力量控制躯干成一条直线。

2. 测试方法

考官发令时即开始，屈肘下降身体至上身贴近地面，略作停顿后回到初始状态。双腿膝盖挺直，与躯干保持一条直线。从预备动作开始，每正确完成一个(身体上下起伏)记一次。如果身体未保持平直或身体未降至肩与肘处于同一水平面，不进行计数。一～三级为掌卧撑，四～六级为拳卧撑，记录完成次数。测试时可在拳面放置软性材料以缓和拳面不适。

3. 评分方法

记录有效完成次数，为被测试者的测试成绩，合格标准参照表7-2-1。

4. 易犯错误

(1) 身体未保持平直。

(2) 身体未下降至肩与肘处于同一水平面。

（三）左右乌龙盘打

1. 测试要求

两脚左右开立，两臂侧平举。

2. 测试方法

考官发令时即计时开始，左转腰成左弓步，右臂从下向左抡臂，经过头上、右侧，在左臂由左侧经头上抡至右侧时，随身体右转右臂向右后抡臂，经头上在身体左转后成右仆步拍地。继续反方向交替进行，动作相同，方向相反。

依以上要求掌心拍地为记1次。左右依次完成动作，记录完成时间。只完成一个方向的乌龙盘打或抡臂过程中双手的运动方向相反视为无效；仆步屈蹲腿大腿高于水平、平铺腿弯曲或膝内角大于45°、抡臂时两臂肘关节内角度小于45°被视为无效动作。

3. 评分方法

记录有效完成次数，为被测试者的测试成绩，合格标准参照表7-2-1。

4. 易犯错误

（1）只完成一个方向的乌龙盘打。

（2）仆步的屈蹲腿大腿高于水平、平铺腿弯曲或膝关节内角大于45°。

（3）抡臂时两臂肘关节内角度小于45°。

（四）滚翻

1. 测试要求

在垫上完成；考官发令时即计时开始。

2. 测试方法

一～三级测试前滚翻（无腾空），四～六级测试侧滚翻（无腾空抢背）。

前滚翻时，由蹲撑后蹬地屈膝、低头、含胸、提臀同时以颈、背、腰、臀着垫滚动成蹲立。着地部位不对、团身不紧，均为无效动作。

侧滚翻时，右前左后错步站立，蹬地后身体向前斜扑（身体不腾空），就势翻滚，以右肩和右背着地，屈膝收腿，左腿外侧落地。动作未经肩、背着地被视为无效动作；背接触地面时，头脚之间的连线与完成动作的方向之间的角度超过60°，被视为无效动作。

3. 评分方法

前滚翻、侧滚翻各完成3次所用的时间为被测试者的测试成绩，合格标准参照表7-2-1。

4. 易犯错误

（1）前滚翻时，团身不紧。

（2）抢背时，动作未腾空。

（3）抢背时，背接触地面时头脚之间的连线与完成动作方向之间的角度超过60°。

（五）三级蛙跳

1. 测试要求

两脚自然分开站立，站在起跳线后，脚尖不得踩线。

2. 测试方法

两脚用力往后蹬地，两臂稍微弯曲往上摆动，向前上方腾空跳起，并充分展体；收腹，举腿，小腿往前伸；同时双臂用力往后摆动，两脚落地缓冲。

连续完成3次相同动作。连续跳跃过程中不得有垫步、跳步、移步等动作，否则视为无效。

3. 评分方法

记录起跳点到落地点的距离，以米为单位，保留两位小数为测试成绩，合格标准参照表7-2-1。

4. 易犯错误

连续跳跃中出现垫步、跳步、移步等动作。

二、专项技能评价内容与标准

(一) 一级专项技能测试：五步拳

1. 被测试者要求

较好掌握综合技术。

2. 测试要求

被测试者着武术表演服，听到上场点名，对主考行抱拳礼，进入场地开始测试。套路演练结束，行抱拳礼后离开场地。

3. 测试方法

被测试者并步直立，听到主考号令后，开始进行测试。

4. 评分方法

考官根据被测试者现场表现进行评分(表7-2-2)，达到或者超过7.00分以上者合格。

表7-2-2　套路专项技能评分标准

等级＼比例	动作规格(30%)	动作熟练程度(40%)	套路演练技巧(10%)	精神风貌(20%)
优秀	动作准确、方法清楚	动作熟练、连续性好、无任何遗忘	劲力充足、动作协调、节奏处理得当	精神饱满、武术礼仪规范
良好	动作较准确、方法较清楚	动作较熟练、连续性较好、无任何遗忘	动作较协调、节奏处理较得当	精神较饱满、武术礼仪较规范
及格	动作基本准确、方法基本清楚	动作基本熟练、基本连贯、有1～2处动作遗忘	动作基本协调、节奏处理基本得当	精神基本饱满、武术礼仪基本规范
不及格	动作不准确、方法不清楚	动作不熟练、动作遗忘超过3次	动作不协调、节奏处理不合理	精神不饱满、武术礼仪不规范

(二) 二级专项技能测试：十步拳

1. 被测试者要求

较好掌握综合技术。

2. 测试要求

被测试者着武术表演服，听到上场点名，对主考行抱拳礼，进入场地开始测试。套路演练结束，行抱拳礼后离开场地。

3. 测试方法

被测试者并步直立，听到主考号令后，开始进行测试。

4. 评分方法

考官根据被测试者现场表现进行评分(表 7-2-2)，达到或者超过 7.40 分以上者合格。

(三) 三级专项技能测试：少林八步连环拳

1. 被测试者要求

较好掌握综合技术。

2. 测试要求

被测试者着武术表演服，听到上场点名，对主考官行抱拳礼，进入场地开始测试。套路演练结束，行抱拳礼后离开场地。

3. 测试方法

被测试者并步直立，听到主考官号令后，开始进行测试。

4. 评分方法

考官根据被测试者现场表现进行评分(表 7-2-2)，达到或者超过 7.80 分以上者合格。

(四) 四级专项技能测试：少年拳(第二套)

1. 被测试者要求

初步掌握套路技术。

2. 测试要求

被测试者着武术表演服，听到上场点名，对主考官行抱拳礼，进入场地开始测试。套路演练结束，行抱拳礼后离开场地。

3. 测试方法

被测试者并步直立，听到主考官号令后，开始进行测试。

4. 评分方法

考官根据被测试者现场表现进行评分(表 7-2-2)，达到或者超过 8.00 分以上者合格。

(五) 五级专项技能测试：初级长拳三路

1. 被测试者要求

基本掌握套路技术。

2. 测试要求

被测试者着武术表演服，听到上场点名，对主考官行抱拳礼，进入场地开始测试。套路演练结束，行抱拳礼后离开场地。

3. 测试方法

被测试者并步直立，听到主考官号令后，开始进行测试。

4. 评分方法

考官根据被测试者现场表现进行评分(表 7-2-2),达到或者超过 8.20 分以上者合格。

(六) 六级专项技能测试:少年规定拳

1. 被测试者要求

较好掌握套路技术。

2. 测试要求

被测试者着武术表演服,听到上场点名,对主考官行抱拳礼,进入场地开始测试。套路演练结束,行抱拳礼后离开场地。

3. 测试方法

被测试者并步直立,听到主考官号令后,开始进行测试。

4. 评分方法

考官根据被测试者现场表现进行评分(表 7-2-2),达到或者超过 8.40 分以上者合格。

课后思考

1. 学校武术运动技能等级的评价包含哪两个部分?
2. 学校武术运动技能中的基本技能包含哪些内容?
3. 简述学校武术运动技能等级中的专项技能评价内容及合格分数。

第八章

学校武术套路竞赛组织与裁判

章前导言

作为学校武术教育的重要组成部分，学校武术竞赛健康有序地开展是培养青少年“尚武精神”、弘扬中国文化和民族精神的重要途径。因此，本章内容以武术套路竞赛规则与裁判法为基础，结合学校武术特点，对学校武术套路竞赛的组织程序与构成，以及套路竞赛规则进行了简要阐述，培养学生对武术套路竞赛组织与规则的理解、掌握，具备开展学校武术套路竞赛工作的能力。

学习目标

- 了解学校武术套路竞赛组织的工作流程，具备开展校内武术比赛的组织能力。
- 理解学校武术套路竞赛组织的构成及其职责，树立扎实的专业业务能力意识。
- 掌握武术套路竞赛规则理论知识，具备从事学校武术套路竞赛裁判工作的能力，培养学生遵守裁判员纪律和竞赛规则的职业道德。

第一节　学校武术套路竞赛的组织

一、学校武术套路竞赛的目的

学校武术套路竞赛是检查学校武术教学效果与训练活动的有效手段。通过竞赛不仅可以促进技术交流、提高水平，而且有利于督查和改进学校武术教学工作。因此，学校武术套路竞赛的开展目的主要有：

（1）通过学校武术套路竞赛的开展检验学生武术运动技能的掌握状况，激发学生进行武术基本功及基本动作的习练动机，培养学生的武术精神与道德，促进学校武术教学质量的提高与完善。

(2) 通过举办多种形式的学校武术套路比赛,丰富学校体育工作的多元化建设,使更多青少年接受武术文化熏陶,感受中国传统文化的独特魅力与价值。

(3) 以中小学武术教学内容中的规定套路及流行较为广泛的武术基础套路等为竞赛内容,推动武术运动的普及与发展,助力武术专业后备人才的培养与建设。

二、学校武术套路竞赛的类型

根据比赛的规模、范围、性质、任务和要求,可以把学校武术套路竞赛划分为校内武术套路比赛和校外武术套路比赛。校内武术套路比赛主要包括校运动会武术套路比赛、学校单项武术比赛等。校外武术套路比赛主要包括全国或省市大、中、小学生武术套路比赛,各区、市阳光体育大联赛武术套路比赛等以学生为主举办的各种形式的武术套路竞赛。

三、学校武术套路竞赛组织程序

学校武术套路竞赛组织程序是一项精细且繁杂的工作,竞赛组织工作安排是否合理,不仅会影响武术套路赛事的顺利进行,更会影响武术运动在学校的正常开展。总体来讲,武术套路竞赛组织的程序可以分为以下四个阶段。

(一) 竞赛准备阶段的组织工作

1. 成立筹备委员会

在准备工作中,首先要成立筹备组织,讨论并决定比赛组织方案、规程和工作计划。组织方案一般包括赛会的规模、各部门的职责和负责人名单、工作人员名单、经费预算以及要解决的主要问题。

2. 制定竞赛规程

规程是比赛的指导性文件,具有严格的法规效应。一般竞赛规程由主办单位根据竞赛任务和竞赛计划进行制定,它是竞赛工作的依据,要提前发给有关单位,以便做好充分的赛前准备。竞赛规程要求条文清晰、内容全面、词句准确、文字精练。无论比赛规模大小,都应制定竞赛规程。

3. 建立组织委员会

组织委员会是负责整个竞赛工作的临时领导机构,主要由主办单位及参加单位、裁判队伍、仲裁委员会以及有关部门的领导人员组成,比赛的各项活动都要在组织委员会的领导下进行。

4. 组织仲裁委员会

根据竞赛规模确定仲裁委员会组成人员,并下发通知和聘书。

5. 组织裁判队伍

根据竞赛规模确定裁判队伍组成人员,并下发通知和聘书。

（二）竞赛开始阶段的组织工作

1. 组织裁判学习

裁判作为武术比赛的执裁者，是竞赛系统中的重要组成部分。为保障赛事“公平、公正、公开”的举办，需在赛前做好充分的裁判员学习工作。裁判员学习一般由裁判长主持，对赛事评判进行统一标准、达成共识。

裁判学习的目的是提高裁判员的思想认识和业务能力，保证公平竞赛，落实“严肃、认真、公正、准确”八字方针。学习的主要内容是竞赛规程、规则及有关条文，领会规则精神、增加裁判知识、掌握评分方法、提高裁判能力、统一动作技术等。学习方法采用讲课、讨论、自学、观摩训练、裁判实习、考核等形式。

2. 检查和布置比赛场地

对比赛场地的规格和比赛场地的整体布置进行审查，确定符合规定和要求。

3. 组织召开裁判长、教练员联席会

召开裁判长、教练员联席会，统一理解和认识有关规则中不详尽的条文及本次竞赛的有关规定。

4. 编印竞赛秩序册

比赛前必须完成秩序册的编印工作，并发放到各参赛年级、学校或相关部门。

（三）竞赛进行阶段的组织工作

（1）组织开幕式。开幕式不仅可以明确比赛任务、目标，进行思想动员，而且是宣传、推广学校武术活动的主要形式。

（2）组织比赛。检查和监督每场比赛的各项工作，并在每场比赛结束后，及时进行总结，以便做好改进工作。

（3）对场地设备进行检查和管理。

（4）遇有特殊情况，需要更改比赛场地、日期和时间时，应由负责部门及时通知各队。

（5）每场比赛后，编排记录组应及时将比赛成绩进行登记和公布。

（6）督促现场技术录像。录像人员要坚守岗位，不可漏录。

（7）医务组每场比赛都要做好准备，以便应对现场的突发事故。

（四）竞赛结束阶段的组织工作

（1）组织闭幕式，公布比赛成绩、颁奖，并致闭幕词。

（2）清理场地和相关器材。

（3）及时编制成绩册并将有关资料进行存档。

（4）做好赛后总结工作。

四、学校武术套路竞赛组织构成

（一）竞赛监督委员会

竞赛监督委员会是竞赛的监督机构，由主任 1 人、副主任 1 人、委员 3 或 5 人组成。

竞赛监督委员会的主要职责是监督、检查仲裁委员会、裁判员的工作及参赛运动队的比赛行为。竞赛监督委员会不直接参与仲裁委员会和裁判人员职责范围内的工作，但有权对违纪的仲裁人员、裁判人员和运动队的相关人员做出处罚。

（二）仲裁委员会

仲裁委员会的组成由主任 1 人、副主任 1 人、委员 3 或 5 人组成。

仲裁委员会的主要职责是接受运动队的申诉，并及时做出裁决，但不改变裁判结果。同时仲裁委员会的裁决为最终裁决。

（三）裁判队伍组成

裁判人员共由场上裁判和辅助工作人员两部分组成。

其中场上裁判主要包括：总裁判长 1 人、副总裁判长 1～2 人；裁判组设裁判长 1 人、副裁判长 1 人；评分裁判员 6～10 人；编排记录长 1 人；检录长 1 人；计分计时员 1～2 人。

辅助工作人员主要包括：竞赛电子系统操作人员每场地 1～2 人；编排记录员 3～5 人；检录员每场地 2～3 人；宣告员 1～2 人；放音员 1～2 人；摄像员每场地 1～2 人。

（四）裁判员的职责

总裁判长的主要职责：组织领导各裁判组的工作，保证竞赛规则的执行并检查落实赛前各项准备工作；在比赛过程中，总裁判长可根据比赛需要调动裁判人员工作，裁判人员发生严重错误时，有权处理。

副总裁判长的主要职责：协助总裁判长的工作，在总裁判长缺席时，代行其职责。

裁判长的主要职责：组织本裁判组的业务学习和实施裁判工作；执行比赛中对套路时间不足或超出规定、重做、集体项目少于规定人数、配乐项目不符合要求等扣分；同时，经总裁判长同意，裁判长有权对不合理的运动员应得分进行调整，但无权更改裁判员的评分；裁判员发生严重的评判错误时，裁判长可向总裁判长建议给予相应的处理。

副裁判长的主要职责：协助裁判长进行工作并负责管理本场地检录组的工作，保证本组比赛有序进行。

裁判员的主要职责：服从裁判长的领导；认真执行规则，独立进行评分，并做好临场评分记录。

编排记录长的主要职责：负责编排记录组的全部工作，审查报名表，并根据大会要求编排秩序册；负责比赛现场评分记录的审核及比赛成绩与排列名次的审核，并编排成绩册。

检录长的主要职责：负责检录组的全部工作；负责在赛前协调安排布置场地，落实各场地检录处位置及运动员入场和退场的位置与标记。

（五）辅助工作人员职责

编排记录员的主要职责：根据编排记录长分配的任务进行工作。

检录员的主要职责：按照比赛顺序及时进行检录，并向裁判长递交检录表；同时，做好现场运动员的上下场检录工作。

宣告员的主要职责：报告比赛成绩，介绍有关竞赛规程、规则、比赛规模、传统武术拳种及项目特点等知识。

放音员的主要职责：音乐光碟的收取与归还工作，并按照运动员出场顺序有序为运动员放音，保证配乐项目比赛的顺利进行。

摄像员的主要职责：对全部竞赛项目进行现场摄像，并按大会规定将全部录像予以保留，并交付竞赛处制作光盘存档资料。

（六）裁判员座位安排

裁判员座位安排如图 8-1-1 所示。

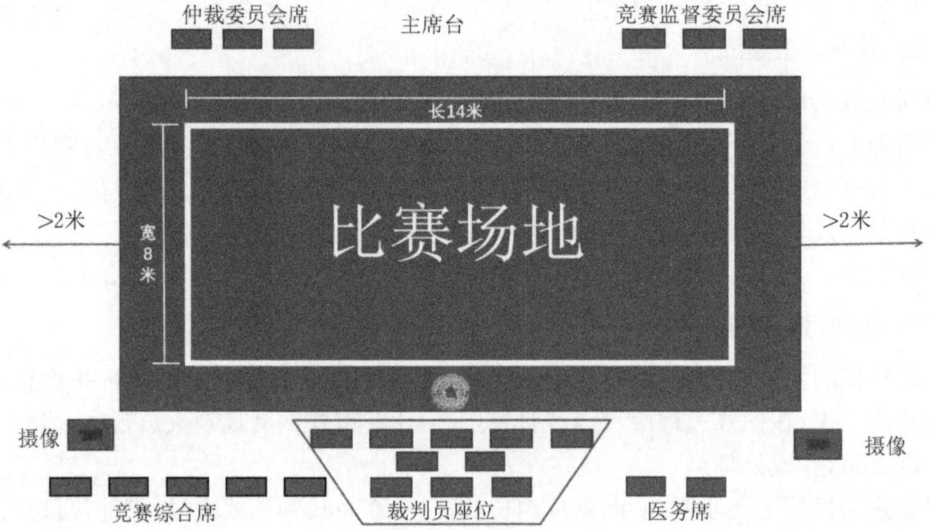

图 8-1-1　裁判员座位示意图

第二节　学校武术套路竞赛规则简介

一、竞赛通则

（一）竞赛分类

按形式分为个人赛，团体赛，个人及团体赛。

（二）竞赛项目

1. 自选项目

自选拳术（长拳、南拳、太极拳），自选器械（剑术、刀术、枪术、棍术、南刀、南棍、太极剑）。

2. 规定项目

规定拳术（国家、中小学教材规定拳术套路），规定器械（国家、中小学教材规定器械）。

3. 对练项目

徒手对练，器械对练，徒手与器械对练。

4. 传统项目

传统拳术，传统器械。

5. 集体项目

(三) 竞赛分组

按学段分为小学组(1～2 年级、3～4 年级、5～6 年级或 1～2 年级、3～5 年级)，初中组(7～9 年级或 6～9 年级)，高中组(10～12 年级)。

(四) 确定比赛顺序

在竞赛监督委员会和总裁判长的监督下，由编排记录长在技术会议后组织抽签确定比赛顺序。

(五) 检录

运动员须在赛前 30 分钟到达指定地点报到，参加第一次检录；赛前 20 分钟进行第二次检录；赛前 10 分钟进行最后一次检录。

(六) 礼仪

运动员听到上场点名，完成比赛套路及现场成绩宣告时，应向裁判长行抱拳礼。

(七) 计时

运动员由静止姿势开始，动作计时开始；当运动员完成全套动作后，并步站立，计时结束。

(八) 示分

对运动员的比赛结果公开示分。

(九) 名次评定

1. 个人单项名次

按比赛成绩高低排列名次，得分最高者为该单项的第一名，次高者为第二名，依次类推。

2. 集体项目名次

按比赛成绩高低排列名次，得分最高者为该项的第一名，次高者为第二名，依次类推。

3. 团体名次

根据竞赛规程关于团体名次的确定办法进行评定。

(十) 比赛场地

个人项目的比赛场地为长 14 米、宽 8 米，其周围至少有 2 米宽的安全区；集体项目的比赛场地为长 16 米、宽 14 米，其周围至少有 1 米宽的安全区。

比赛场地四周内沿应标明 5 厘米宽的白色边线，空间高度不少于 8 米。两个比赛场地邻近边缘距离 6 米以上。

根据承办单位的实际情况可做相应调整。

(十一) 比赛服装

裁判员统一着装，运动员穿武术比赛服装。

(十二) 比赛器械

比赛应使用中国武术协会指定的比赛器械。

器械要求:左手持剑或抱刀,剑尖或刀尖不低于运动员本人耳上端,刀彩自然下垂的长度不短于30厘米。棍、南棍的长度不短于运动员本人身高。枪的长度不短于运动员本人并步直立直臂上举时从脚底至中指尖的长度。枪缨长度不短于20厘米且不得太稀疏。南刀刀尖在运动员左手抱刀时不低于本人下颌。

二、评分方法

(1) 各项比赛的满分为10.00分,其中动作质量的分值为5.00分、演练水平的分值为5.00分。

(2) 评分裁判员由评判动作质量分的裁判3名(A组)、评判演练水平分的裁判3～5名(B组)组成。

(3) A组裁判员根据运动员现场完成动作的质量,按照各项目动作规格及其他错误内容扣分标准的要求,用动作质量的分值减去各种动作错误和其他错误的扣分,即为运动员的动作质量分。

(4) B组裁判员和裁判长根据运动员整套的现场演练,按照劲力、节奏、编排以及音乐的要求整体评判后确定示出的分数,即为运动员的演练水平分。

三、评分标准

(一) 动作错误内容与扣分标准

1. 动作类别、名称、编码及错误内容

运动员现场完成套路时,动作出现错误内容,扣0.10分;一个动作出现多种错误内容,均一次性扣0.10分;其他错误累计扣分,每出现一次扣0.10～0.30分。具体评分标准如表8-2-1所示。

表8-2-1　长拳部分动作类别、名称、编码及错误内容

类别	名称	编码	错误内容
手型	拳	01	拳面不平;拇指未压在中指第二指节上
	掌	02	四指未伸直并拢
	勾手	03	五指未撮拢;腕未屈
步型	弓步	50	前腿膝部未达脚背;前腿大腿未达水平;后脚跟离地;后脚脚尖未内扣
	马步	51	躯干明显前倾;屈蹲腿大腿未达水平;两脚间距过小;脚跟离地;脚尖外展
	虚步	52	屈蹲腿大腿未达水平;屈蹲腿脚跟离地
	仆步	53	屈蹲腿未全蹲;平铺腿未伸直;平铺腿全脚掌未内扣着地
	歇步	54	两腿未交叉靠拢;臀部未贴坐小腿

2. 动作类别有关规定

(1) 手型部位名称与要求

拳:拳包含拳背、拳眼、拳面、拳轮和拳心五部分,要求拳面水平,拇指按压在中指第二指节上(图 8-2-1)。

掌:掌分为掌指、掌外沿、掌心、掌根,要求四指伸直并拢,大拇指内扣(图 8-2-2)。

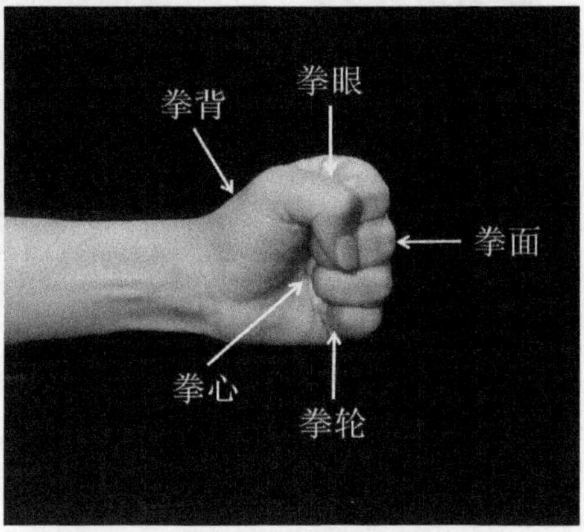

图 8-2-1　拳

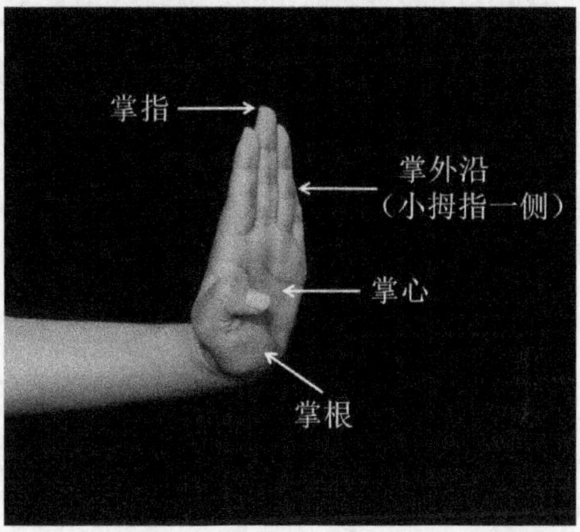

图 8-2-2　掌

勾手:勾手分为勾顶和勾尖,要求五指撮拢,手腕弯曲(图 8-2-3)。

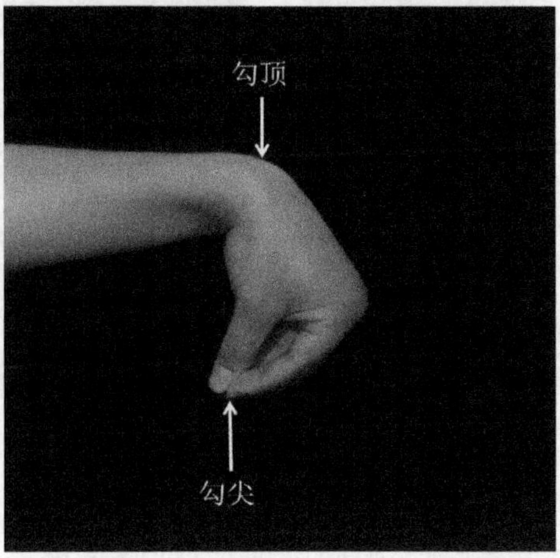

图 8-2-3　勾手

(2) 步型动作规范与要求

弓步:屈蹲腿大腿与地面成水平,脚尖微内扣,膝约与脚尖垂直;另一腿伸直,脚尖内扣斜向前方,两脚全脚着地(图 8-2-4)。图 8-2-5 为弓步错误示范。

图 8-2-4　弓步正确示范

图 8-2-5　弓步错误示范

马步：两腿半蹲，大腿成水平，脚尖正对前方，膝不超过脚尖，两脚全脚着地，两脚间距约为脚长的三倍(图 8-2-6)。图 8-2-7 为马步错误示范。

图 8-2-6　马步正确示范

图 8-2-7　马步错误示范

虚步：一腿半蹲，脚尖外展；另一腿屈膝前伸，前脚掌虚点地面；身体重心落于后腿(图 8-2-8)。图 8-2-9 为虚步错误示范。

图 8-2-8　虚步正确示范

图 8-2-9　虚步错误示范

仆步：一腿全蹲，大腿和小腿靠紧，臀部接近小腿，膝与脚尖外展；另一腿平铺伸直，脚尖内扣，两脚全脚着地(图 8-2-10)。图 8-2-11 为仆步错误示范。

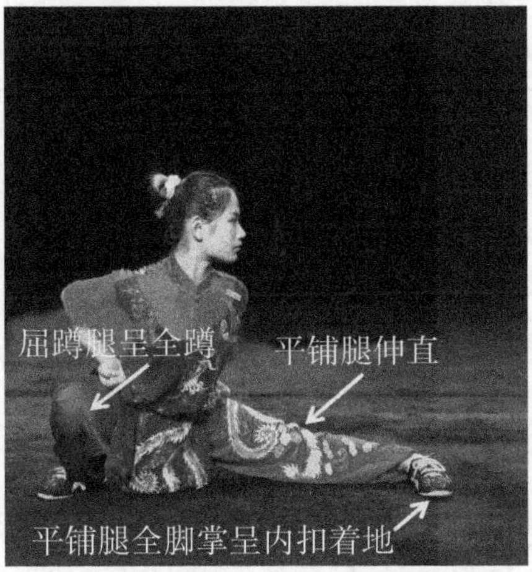

图 8-2-10　仆步正确示范

图 8-2-11　仆步错误示范

歇步：两腿交叉屈膝全蹲，前脚全脚着地，脚尖外展；后脚脚跟离地，臀部坐于后小腿接近脚跟处(图 8-2-12)。图 8-2-13 为歇步错误示范。

图 8-2-12 歇步正确示范

图 8-2-13 歇步错误示范

(二) 其他错误介绍与有关规定

1. 其他错误介绍

其他错误类别、内容及扣分标准与编码见表 8-2-2。

表 8-2-2 其他错误类别、内容及扣分标准与编码

类别	内容及扣分标准	编码
失去平衡	晃动，脚碾动、移动或跳动(扣 0.10 分)	70
	附加支撑(扣 0.20 分)	71
	倒地(扣 0.30 分)	72
其他	身体任何部位触及线外地面(扣 0.10 分)	78
	遗忘(扣 0.10 分)	79

2. 其他错误有关规定

(1) 晃动：是指支撑状态时，躯干出现双向或多向位移。

(2) 碾动：是指单脚落地时脚掌或脚跟出现拧动。

(3) 移动：是指双脚或单脚或一脚一腿支撑时，任何一脚出现的位移。

(4) 附加支撑：是指由于身体失去平衡造成的，在支撑动作正常状态所需肢体外，身体任何一个部位(除躯干)触地或被动借助器械支撑。

(5) 倒地：是指由于身体失去平衡造成的，在支撑动作正常状态所需肢体外，躯干或身体其他任何两个及两个以上部位触地。

(6) 在一个动作中连续出现两个以上其他错误，应累计扣分。

(7) 以上错误均按出现的次数累计扣分。

(三) 演练水平等级评价

演练水平档次、级别、分数段及评分标准见表 8-2-3。

表 8-2-3　演练水平档次、级别、分数段及评分标准

档次	级别	分数段	评分标准
好	①级	5.00～4.81	劲力充足，用力顺达，力点准确，手眼身法步及身械配合协调，节奏分明，风格突出，动作与音乐和谐一致。
	②级	4.80～4.51	
	③级	4.50～4.21	
一般	④级	4.20～3.81	劲力较充足，用力较顺达，力点较准确，手眼身法步及身械配合较协调，节奏较分明，风格较突出，动作与音乐较和谐一致。
	⑤级	3.80～3.41	
	⑥级	3.40～3.01	
不好	⑦级	3.00～2.51	劲力不充足，用力不顺达，力点不准确，手眼身法步及身械配合不协调，节奏不分明，风格不突出，动作与音乐不和谐一致。
	⑧级	2.50～2.01	
	⑨级	2.00～1.51	

(四) 裁判长执行的其他错误内容及扣分标准

(1) 完成套路时间不足或超出的规定。运动员完成套路时间，凡不足规定时间或超出规定时间在 5 秒以内(含 5 秒)，扣 0.1 分；不足规定时间或超出规定时间超过 5 秒，在 10 秒以内(含 10 秒)，扣 0.2 分；不足规定时间或超出规定时间达 10 秒以上，扣 0.3 分，最多扣 0.3 分。

运动员超过规定时间扣分已达 0.3 分时，裁判长应请运动员立即收势停止比赛。此种情况应视为运动员未完成套路。

(2) 运动员在规定套路比赛中每漏做或多做一个完整动作，扣 0.1 分。

(3) 运动员因主观原因未完成套路，经裁判长同意可重做一次。运动员重做后，裁判长在其应得分的基础上，扣 1 分。运动员因客观原因未完成套路，可重做一次，不扣分。

课后思考

1. 学校武术竞赛组织的构成包含哪些部分？
2. 武术套路个人项目的比赛场地规格。
3. 学校武术竞赛工作流程共分为几个部分？
4. 弓步的扣分编码是什么？扣分标准是什么？
5. 演练水平的档次、级别、分数段及评分标准是什么？

主要参考资料

[1] 蔡龙云.武术运动基本训练[M].北京:人民体育出版社,2013.

[2] 蔡仲林,刘轶.新时代武术专业教育和学科建设的回顾与展望[J].中华武术,2020(4):66-69.

[3] 蔡仲林,周之华.武术[M].北京:高等教育出版社,2005.

[4] 龚飞,梁柱平.中国体育史简编[M].北京:西南交通大学出版社,2010.

[5] 郭玉成.武术谚语辞典[M].北京:人民体育出版社,2020.

[6] 国家体委体育文史工作委员会,全国体总文史资料编审委员会.中国近代体育议决案选编[M].北京:人民体育出版社,1991.

[7] 国家体委体育文史工作委员会,全国体总文史资料编审委员会.中国近代体育文选[M].北京:人民体育出版社,1992.

[8] 国家体委武术研究院.中国武术史[M].北京:人民体育出版社,1997.

[9] 国家体育总局科教司.体育总局办公厅 教育部办公厅 关于印发《2021年普通高等学校运动训练、武术与民族传统体育专业招生管理办法》的通知(体科字〔2020〕169号)[Z].2020.

[10] 国家体育总局武术研究院.短棍[M].北京:高等教育出版社,2010.

[11] 吉洪林,李烁.武术教育改革视角下学校武术竞赛路径选择[J].山东体育学院学报,2017(3):108-113.

[12] 康戈武.中国武术实用大全[M].北京:今日中国出版社,1990.

[13] 课程教材研究所.20世纪中国中小学课程标准·教学大纲汇编:体育卷[M].北京:人民教育出版社,2001.

[14] 李季芳,周西宽,徐永昌.中国古代体育史简编[M].北京:人民体育出版社,1984.

[15] 李守培.中国传统武术伦理研究[D].上海:上海体育学院,2016.

[16] 刘丽琴,蓝照光.墨子体育精神的内蕴及当代价值[J].广西社会科学,2016(1):60-63.

[17] 全国体育学院教材委员会编.武术[M].北京:人民体育出版社,1989.

[18] 全国体育院校教材委员会审定.武术理论基础[M].北京:人民体育出版社,1997.

[19] 全国体育院校教材委员会审定.中国武术教程(上册)[M].北京:人民体育出版社,2004.

[20] 上海市教育委员会.上海市初中体育多样化课程教学实施指导手册[M].上海:少年儿童出版社,2019.

[21] 上海市教育委员会研究室. 中小学体育与健身学科单元教学设计指南[M]. 北京：人民教育出版社，2018.

[22] 上海市中小学（幼儿园）课程改革委员会. 高级中学课本《体育与健身基本内容 I（试用本）》[M]. 上海：上海教育出版社，2007.

[23] 上海市中小学（幼儿园）课程改革委员会. 九年义务教育课本《体育与健身三年级（试用本）》[M]. 上海：少年儿童出版社出版，2019.

[24] 上海市中小学（幼儿园）课程改革委员会. 九年义务教育课本《体育与健身五年级（试用本）》[M]. 上海：少年儿童出版社出版，2019.

[25] 上海市中小学（幼儿园）课程改革委员会. 九年义务教育课本体育与健身八年级（试用本）[M]. 上海：上海教育出版社，2020.

[26] 上海市中小学（幼儿园）课程改革委员会. 九年义务教育课本体育与健身九年级（试用本）[M]. 上海：上海教育出版社，2020.

[27] 上海市中小学（幼儿园）课程改革委员会. 九年义务教育课本体育与健身七年级（试用本）[M]. 上海：上海教育出版社，2019.

[28] 上海市中小学（幼儿园）课程改革委员会. 九年义务教育上海市体育与健身教学参考资料六至九年级（试用本）[M]. 上海：上海教育出版社，2020.

[29] 许弘，仇军. 普通高等学校体育专业（本科）设置的回顾与展望：中外比较[J]. 天津体育学院学报，2013(1)：61-64.

[30] 袁思成. 论孔子武艺观[J]. 体育文化导刊，2009(6)：109-112.

[31] 赵厚勰，陈竞蓉. 中国教育史教程[M]. 第二版. 武汉：华中科技大学出版社，2018.

[32] 中国武术协会审定. 武术套路竞赛规则与裁判法[M]. 北京：人民体育出版社，2013.

[33] 中华人民共和国教育部. 普通高中体育与健康课程标准（2017 年版）[M]. 北京：人民教育出版社，2018.

[34] 中华人民共和国教育部. 义务教育体育与监健康课程标准：2011 年版[M]. 北京：北京师范大学出版社，2012.

[35] 全国青少年运动技能等级标准研制组. 青少年武术运动技能等级标准与测试方法[M]. 北京：科学出版社，2018.